7 técnicas exitosas para resolver conflictos

Domina las técnicas de la comunicación verbal y asertiva en tus relaciones sociales.

Aprende cómo mediar conversaciones cruciales con calma y respeto

Gerard Shaw

© **Copyright Gerard Shaw 2020 – Todos los derechos reservados.**

El contenido de este libro no puede ser reproducido, duplicado o transmitido sin el permiso expreso escrito del autor o editor.

Bajo ninguna circunstancia directa o indirecta, el autor o editor serán responsables o culpables por daños, reparaciones o pérdidas monetarias derivadas de la información contenida en este libro. El lector es responsable de sus propias decisiones, acciones y resultados.

Aviso Legal

Este libro está protegido por los derechos de autor, y es solo para uso personal. Quedan prohibidas las modificaciones, distribuciones, usos, citas y parafraseo de extractos de contenido de este libro sin el permiso del autor o editor.

Aviso de Exención de Responsabilidad

Nótese que la información contenida en este documento, es únicamente concebida para usos educativos y de entretenimiento. Todo esfuerzo fue llevado a cabo con el propósito de presentar información completa, veraz, actualizada y confiable. No se pretende insinuar o asegurar garantías de ningún tipo. El lector reconoce que el autor no busca asesorar sobre materias legales, financieras, profesionales o médicas. El contenido de este libro proviene de diversas fuentes. Por favor consúltese a un profesional calificado antes de poner en práctica cualquiera de las técnicas descritas en este libro.

Al leer este documento, el lector acepta que bajo ninguna circunstancia el autor es responsable por pérdidas, ya sean directas o indirectas, que ocurran como resultado del uso de la información contenida en el documento; incluyendo, pero sin estar limitados a: errores, omisiones o imprecisiones.

REGALO GRATIS

Este libro incluye un folleto extra. Su descarga estará disponible por tiempo limitado. La información para asegurar la obtención de este regalo puede encontrarse al final de este libro.

ÍNDICE

INTRODUCCIÓN 1

CAPÍTULO UNO: 5

Entendiendo el conflicto

CAPÍTULO DOS: 15

Fundamentos para resolver conflictos

CAPÍTULO TRES: 27

Técnica de resolución de conflictos No. 01 - Dominar el poder de la conversación a través de la comunicación verbal

CAPÍTULO CUATRO: 39

Técnica de resolución de conflictos No. 02 - Dominar el poder de la conversación a través de la comunicación no verbal

CAPÍTULO CINCO: 53

Técnica de resolución de conflictos No. 03 - Manejo de las emociones

CAPÍTULO SEIS: 63

Técnica de resolución de conflictos 04 - Cambiar la opinión de las personas a través de la persuasión y la negociación

CAPÍTULO SIETE: 75

Técnica de resolución de conflictos No. 05 - Desarrollo de la inteligencia emocional para solucionar conflictos por medio del liderazgo

CAPÍTULO OCHO: 85

Técnica de resolución de conflictos No. 06 - La estrategia de la paz

CAPÍTULO NUEVE: 101

Técnica de resolución de conflictos 07 - El poder de mantener una mente abierta

ÚLTIMAS PALABRAS 109

¡TU REGALO GRATIS ESTÁ AQUÍ! 116

INTRODUCCIÓN

¿Por qué es tan importante poder resolver un problema? En este libro vas a aprender que tu habilidad para solucionar un conflicto es una herramienta crucial para poder crecer como persona y alcanzar el éxito. Todos experimentamos conflictos a lo largo de nuestra vida porque todos somos únicos e interpretamos y comunicamos nuestras ideas de manera diferente, por lo cual no siempre tenemos las mismas prioridades ni el mismo punto de vista que los demás. Los problemas pueden considerarse dañinos y a menudo pueden estresarnos disminuyendo nuestra felicidad y productividad. Sin embargo, cuando los usamos para comprender mejor a quienes nos rodean, pueden llegar a ser una experiencia positiva, ya que nos enseñan mucho acerca de nosotros mismos y nos dan herramientas que podemos usar en nuestra día a día.

Escribí este libro para ayudar a las personas que como tú no están seguras sobre cómo abordar los conflictos. ¿Evitas a toda costa los enfrentamientos? ¿Has tenido siempre dificultad para comunicar tus ideas a los demás? ¿Tus problemas están fuera de control? ¿Quieres tener mejores resultados en tu vida? En los dos primeros capítulos de este libro, vas a aprender qué es el conflicto, qué lo origina y cómo cada persona lidia de manera diferente con él. El resto del libro explica a detalle siete diferentes técnicas que puedes utilizar para resolver cualquier clase de conflicto.

Estas siete técnicas son:

1. Aprender sobre el poder de la conversación a través de herramientas de comunicación verbal.
2. Aprender sobre el poder de la conversación a través de herramientas de comunicación no verbal.
3. Manejo de emociones.

4. Ser capaz de cambiar la opinión de los demás a través de la persuasión y la negociación.
5. Desarrollo de la inteligencia emocional para resolver conflictos desde el liderazgo.
6. Estrategia de la paz.
7. El poder de mantener la mente abierta.

Las siete técnicas de este libro se presentan de una manera general para que puedas personalizar cada una de ellas a tu propia situación. Los ejemplos se utilizan para ilustrar conceptos que tú puedes aplicar en tu propio contexto. Parte de la razón por la cual los conflictos puede ser difíciles de resolver es que estamos atrapados en nuestras propias mentes e insistimos en defender nuestro punto de vista, pero hay muchos más opiniones a considerar además de la nuestra. Al utilizar la escucha efectiva y la empatía, podemos relacionarnos con las personas de una manera mucho más positiva. Tu dedicación, tu capacidad de autorreflexión y las técnicas presentadas en este libro te brindarán el conocimiento necesario para comprender de una mejor forma qué es el conflicto y cuáles son sus causas. Serás capaz de identificar qué factores dentro de ti desencadenan una discusión y cómo esto alimenta el conflicto, a menudo no nos damos cuenta de que nosotros mismos contribuimos al problema. Este libro fue diseñado para ayudarte a dar un paso atrás, a manejar tus emociones, a motivarte hacia el éxito y a ayudarte a resolver los problemas a través de la confianza. Nuestros métodos son fáciles de seguir para que puedas aprender rápidamente y practicar cuando lo necesites.

Este libro te ayudará a comprender la pelea que se libra dentro de tí, cómo reconocer cuáles son tus asuntos pendientes, cómo esto genera el conflicto con los demás y cuáles son los factores que pueden ayudarte a llegar a la solución. Cuando termines de leer este libro, tendrás una perspectiva diferente sobre lo que es un conflicto y sobre cómo puedes resolverlo. Si estás cansado de tener problemas en tus relaciones y contigo mismo, ¿por qué esperar más tiempo para solucionarlos? En lugar de posponer las cosas, puedes comenzar a arreglarlas ahora mismo. Todas las herramientas que necesitas se proporcionan aquí, para que en cualquier situación que enfrentes sepas qué decir, cómo decirlo y cómo lograr un mejor resultado. Al leer este libro y al utilizar sus siete técnicas, estarás mejor preparado para resolver los problemas que hay en tu vida.

Este libro incluye un folleto GRATIS para el dominio de una técnica excelente que mejorará tu tranquilidad y tu nivel de confianza diaria. Al final de este libro encontrarás las instrucciones para asegurar hoy mismo tu copia.

CAPÍTULO UNO:

Entendiendo el conflicto

¿Qué es un conflicto? Un conflicto generalmente ocurre cuando dos o más personas no están de acuerdo sobre un tema y el desacuerdo los conduce a la ira, a la hostilidad o a la enemistad. Diferir en una percepción, en una creencia o en una opinión a menudo es la antesala de un conflicto. No obstante, también podemos estar en conflicto con nosotros mismos al cuestionar nuestras propias opiniones o creencias, por no estar seguros acerca de las decisiones que debemos tomar, o como resultado de un problema con otra persona. Tres de los principales temas de discusión que con frecuencia conducen a un desacuerdo entre las partes son el dinero, la religión y la política. Estos temas pueden englobarse en términos de economía, valores y poder.

Conflicto económico: surge cuando hay una cantidad limitada de recursos disponible para los grupos o individuos involucrados en el problema. Cada individuo tiene su propia opinión sobre cómo racionar los recursos, por lo cual se debate sobre la asignación de riqueza o activos. Cuando no se pueden poner de acuerdo, el problema se convierte en un conflicto entre las partes.

Conflicto de valores: generalmente ocurren cuando las creencias y la moral de alguien entran en conflicto con las de otra persona, ya sea por su comportamiento, su religión, su cultura o por cuestiones sociales. Se busca que los demás piensen o se comporten de acuerdo a una norma social que se considera superior a la suya. La negativa de cualquiera de los involucrados a cambiar de parecer se convierte en un conflicto.

Conflicto de poder: los conflictos de poder surgen principalmente en los ámbitos político y organizacionales, con figuras públicas o grupos autorizados. Sin embargo, también pueden existir conflictos de poder entre individuos a nivel personal. Cuando los valores políticos difieren, o una persona o un grupo trata de dominar la toma de decisiones surgen los problemas.

Si el conflicto fue por cuestiones de economía, valores o poder, llegar a la raíz de lo que lo causó es el primer paso hacia la búsqueda de una solución. Cuando comprendes de qué se trata el problema y por qué se intensificó, es más probable que logres resolver la situación problemática y explicar qué la originó. Ya sea que el conflicto ocurra dentro de nosotros mismos o con los otros, cuando damos un paso atrás y evaluamos las causas más profundas del problema, aprendemos sobre los límites de los demás y sobre nuestros propios límites.

Muchas personas ven los conflictos como algo malo, pero de hecho pueden ser algo positivo. El conflicto es negativo y poco saludable cuando las personas se sienten atacadas, agredidas, ignoradas, engañadas o mal entendidas. Lo que hace que el conflicto sea saludable es la voluntad de resolverlo, llevando a ambas partes o a decidir que están de acuerdo en estar en desacuerdo o a comprometerse a aligerar la tensión entre ambos.

Hay maneras muy poco saludables de abordar un conflicto y estas son a las que recurren la mayoría de la gente cuando se encuentran en situaciones de alto estrés. Algunas personas tienen características particulares, como problemas de ira, complejo de superioridad, tendencias narcisistas o sociópatas, lo que las impulsa a actuar y comportarse de manera impulsiva, o a reaccionar con hostilidad y resentimiento cuando son confrontados. Algunos pueden haber crecido en un entorno donde los conflictos se resolvían de manera negativa o hiriente, por lo que emulan ese tipo de comportamiento. Otros van evitar por completo los conflictos. A continuación se enumeran algunas de las formas menos saludables para lidiar con los problemas:

Eludir y negar: las personas se alejan de la situación y se niegan a discutir acerca de ella o a resolverla. A menudo van a pretender que no existe un problema, diciendo cosas como "todo está bien" o "no pasa nada", cuando se les pregunta sobre el tema. Esto rara vez conduce a una solución porque el conflicto no desaparece, por el contrario, continúa creciendo hasta hacerse cada vez más grande.

Culpar: esto ocurre cuando una de las partes acusa a la otra parte de tener la culpa de la situación. Culpar proviene de la ira y de las inseguridades personales, lo cual aumenta aún más el conflicto. La persona que está culpando piensa que está resolviendo la situación al hacer que el otro asuma la responsabilidad de sus acciones, lo que se puede percibir como un ataque, logrando que la otra persona se ponga a la defensiva, se niegue a aceptar la culpa y a su vez comience a culpar a la otra parte. Esta situación puede conducir rápidamente a una fuerte discusión.

Poder e influencia: tratar de resolver el conflicto de esta manera significa que las partes compiten para "ganar" a expensas del otro. El propósito principal es tener la última palabra en lugar de ver la perspectiva del otro. Los comportamientos negativos se usan para convencer a la otra parte involucrada para que se rinda o para hacer que pierda la discusión. Estas tácticas incluyen amenazas a la seguridad laboral, presentar quejas, sabotear, etc. Cuando alguien "gana", puede pensar que la pelea ha terminado, sin embargo, el "perdedor" probablemente va a sentirse resentido, temeroso o triste.

Manipulación: la manipulación se presenta de muchas maneras, desde conductas pasivo agresivas hasta ejercer control sobre la mente de los individuos. Los personas manipuladoras intentan resolver una situación de manera egoísta, guiados por la búsqueda de su propio beneficio. Los ejemplos de un comportamiento manipulador incluyen los siguientes escenarios. Un individuo propone una idea, pero hace que parezca que fue idea de alguien más para aumentar las posibilidades de que esta sea aceptada. Se llega a un acuerdo que no es justo para uno de los involucrados, si este se opone al plan se le acusa de no cooperar. Se utilizan frases como: "Si fueras realmente mi amigo, harías esto por mí".

Etapas del conflicto

El conflicto y sus resultados pueden ser tanto positivos como negativos. Una manera positiva de abordar el problema es aprender de la situación, desarrollando nuestra habilidad para resolver problemas, teniendo así un crecimiento personal. Un resultado benéfico es poder llegar a un acuerdo amistoso entre las partes. Por otro lado, un conflicto es negativo cuando elegimos enfrentarlo de manera agresiva hasta el punto de destruir una relación. Sea cual sea el caso, existen cinco etapas comunes en todos los conflictos.

1. La incubación.
2. La manifestación..
3. La intención.
4. El comportamiento.
5. El resultado.

La **incubación** del conflicto significa que está sucediendo algo que después va a conducir a una situación adversa, pero nadie se ha dado cuenta. Por ejemplo, tu compañera de cuarto sabe que vas a ir de compras y te pide que le compres un champú y un acondicionador. Cuando llegas a la tienda, escoges los productos sin saber que tu amiga jamás utilizaría esas marcas comerciales. Esta es la etapa latente del conflicto, ninguno de los dos sabe que va a haber un problema derivado de sus decisiones.

La **manifestación** es cuando sabemos que está ocurriendo un conflicto. Cuando vuelves a tu casa con los productos para el cabello de tu compañera, ella los ve y no le gustan, incluso quiere devolverlos. Tú piensas que ella debería estar agradecida por el favor, ya que nunca especificó un producto en concreto y se genera un problema entre ambos. Del mismo modo, si dos empleados trabajan juntos en un proyecto, los dos podrían tener ideas diferentes sobre lo que hay que hacer, ninguno está dispuesto a comprometerse con el plan del otro y comienzan a discutir sobre qué van a hacer.

En la **intención** una o todas las personas involucradas en el conflicto sienten emociones tales como ansiedad, nerviosismo o enojo. En el ejemplo con los compañeros de cuarto, la etapa de sentir ocurre cuando ambos individuos se enojan debido a la falta de comunicación. Tu compañera de cuarto está molesta porque asumió que tú sabías qué tipo de productos comprar, porque compartes la misma ducha, a ti te molesta que ella no agradezca el favor que le hiciste.

El **comportamiento** es cuando el conflicto se intensifica pero se busca también un progreso para poder tener una solución. En el ejemplo de los dos compañeros de cuarto, después de discutir por un tiempo, ambos acuerdan hacer sus propias compras o ser más específicos con el otro sobre lo que quieren. En el ejemplo de los compañeros de trabajo, si el conflicto se intensifica entre los dos empleados, estos podrían preguntarle a un gerente cuál enfoque se adapta mejor a las necesidades del cliente.

La última etapa es el **resultado.** Sucede después de que las etapas anteriores toman su curso y el problema es resuelto de una forma u otra. Con los ejemplos de los compañeros de cuarto y el lugar de trabajo, ambos problemas tuvieron consecuencias positivas. Una consecuencia dañina habría sido si la pelea de los compañeros de cuarto se intensificará hasta el punto en que ya no pudieran convivir, o si uno de los empleados renunciara porque no podía tolerar no salirse con la suya.

Además de comprender las etapas del conflicto, es importante conocer las cinco clases diferentes de ellos:

1. Conflicto con uno mismo.
2. Conflicto interpersonal.
3. Conflicto entre una persona y un grupo.
4. Conflicto entre grupos.
5. Conflicto entre organizaciones.

El primer tipo de conflicto es el **conflicto con uno mismo.** Esto generalmente significa que se estás considerando seriamente quebrantar un valor, un límite o una moral que aprecias o que tienes que tomar una difícil decisión. Quizás estás pensando acerca de la opinión que otra persona tiene sobre ti y no sabes cómo reaccionar. Quizás eres una persona honesta y leal y un amigo te pide que mientas por él, lo cual compromete tus valores, entrando en conflicto con tu deseo de ser a la vez honesto y leal con tu amigo. Tal vez te preguntas si un amigo verdadero te pediría tal cosa. Estos son conflictos internos muy importantes.

El siguiente tipo de conflicto es **interpersonal**. Es probablemente el tipo más común de conflicto, ocurre entre dos o más personas. Un ejemplo de esto sería cuando dos sujetos comparten el mismo interés amoroso y ambos compiten por lograr la atención de esa persona. Otro ejemplo se puede encontrar en el trabajo, tres personas que merecen el puesto se postulan para un ascenso, pero solo una de ellas puede obtenerlo, lo que ocasiona una competencia entre los involucrados. El conflicto puede escalar y llegar hasta los demás compañeros o inclusive al responsable de tomar la decisión.

El tercer tipo de conflicto surge cuando hay un **problema entre una persona y un grupo**, lo que ocurre cuando la persona no está de acuerdo con los demás sobre la posición que han tomado, pero no quiere alejarse de ellos por los beneficios que obtiene de la alianza. Por ejemplo, si estás en un club de lectura, al recibir críticas constructivas sobre tus ideas, es posible que no estés por completo de acuerdo con ellas. Solo puedes permanecer en el Club si eres capaz de llevarte bien con los miembros, entonces, tienes que decidir si tu desacuerdo con los comentarios es lo suficientemente importante como para afectar tu participación dentro de la asociación. Otro ejemplo es ser parte de un grupo que está discutiendo porque algunas personas quieren generar una petición, pero tú no crees que sea una buena manera de invertir el tiempo.

El **conflicto entre grupos** surge principalmente en el lugar de trabajo en los negocios y en las empresas. Por ejemplo, puede haber un problema entre los antiguos empleados de una empresa y el nuevo CEO y el equipo de trabajo que la administración acaba de contratar. Si los miembros que recién ingresan quieren aportar ideas sobre la creación de un nuevo departamento, las personas que han trabajo por más tiempo en el lugar, posiblemente no serán muy receptivas con las contribuciones. Lo cual puede provocar roces entre el personal.

El conflicto entre organizaciones ocurre principalmente entre dos instancias, como compradores y proveedores, sindicatos y empresas, agencias gubernamentales y grupos de defensa. Estas instituciones pueden funcionar de manera muy diferente entre sí o tener distintas prioridades sobre cómo se debería actuar o sobre cómo deberían funcionar las cosas.

El conflicto puede ser personal o profesional, puede ser entre dos personas o dos conglomerados, puede ser a pequeña o gran escala. Pase lo que pase, es probable que encontremos conflictos en nuestra vida diaria. Identificar y comprender las razones subyacentes a ellos es un aspecto sumamente importante para poder remediarlos.

Causas del conflicto

Hay muchas razones por las cuales se puede generar un conflicto. Comprender sus causas profundas es esencial para tener resultados positivos y evitar así los errores. Sabemos que las causas generales de un problema suelen estar relacionadas con la economía, los valores y el poder. Independientemente de lo que la gente discuta, hay muchas acciones y comportamientos que comúnmente conducen al inicio de un conflicto e incrementan su intensidad. Estas son las causas más frecuentes:

- Falta de comunicación.
- Falta de información.
- Interpretación errónea.
- Diferentes perspectivas.
- Patrones de pensamiento destructivo.
- Incapacidad de regular las emociones.

Estas cosas pueden influir en el desarrollo de un conflicto, ya sea en el trabajo, en las relaciones con los demás o con nosotros mismos. La forma más común de prevenir que esto suceda es ser consciente de nosotros mismos y de nuestro entorno, así podremos controlar nuestras reacciones y nuestros comportamientos. Cuando los problemas surgen es generalmente porque nuestras emociones se han salido de control y no hemos podido tomar distancia de la situación. Muchas personas batallan por no poder controlarse, porque no son conscientes de cómo se sienten, son impulsivas o no reconocen los síntomas que los rodean. Aquí hay más ejemplos sobre lo que nos causa conflicto en diversas áreas de nuestras vidas:

Conflicto profesional

- Tácticas de manipulación utilizadas para escalar de posición dentro de la empresa.
- Competencia por reconocimiento, promoción o aumentos.
- Falta de oportunidad para crecer dentro de una empresa u organización.
- Diferentes creencias sobre cómo debe actuar la gerencia.
- Restricciones de plazo.
- Falta de información entre diferentes grupos.
- Diferencia en opiniones y en toma de decisiones..

Conflictos en las relaciones interpersonales

- Emociones fuera de control.
- Enjuiciar o criticar.
- Forma defensiva u ofensiva de comunicación.
- Pobres habilidades de comunicación.
- Señales confusas.
- Comportamiento pesimista.

Conflicto personal

- Cuando una acción no coincide con un valor moral o personal.
- Diferentes opiniones o creencias de otra persona.
- Estar en una situación comprometedora.
- Crisis de identidad o no conocerse completamente.

Una vez que reconocemos las etapas y las causas de un conflicto, estamos más equipados para abordarlo e influir en su resultado.

Resumen del capítulo

Como has aprendido, el conflicto y su solución son temas más complicados de lo que la mayoría de las personas piensa. En este capítulo, pudimos identificar qué es un conflicto y cómo comienza, además de conocer:

- Formas poco saludables de lidiar con el conflicto.
- Las etapas del conflicto.
- Las causas del conflicto.
- Los tipos de conflicto.

En los capítulos siguientes, vas a aprender los fundamentos necesarios para solucionar los problemas, para después profundizar en siete técnicas que te ayudarán a resolverlos y cómo puedes ponerlas en práctica.

CAPÍTULO DOS:

Fundamentos para resolver conflictos

Antes de sumergirnos en las siete técnicas para resolver conflictos, primero debemos aprender sobre los fundamentos para poder solucionarlos. Remediar conflictos no se trata solo de ser consciente y paciente con uno mismo y con la persona con la que estamos en conflicto. Se trata también de aprender a leer el comportamiento de alguien, aprovechar sus emociones y descubrir cuales son las mejores habilidades que se pueden usar en el momento para resolver el problema. Los fundamentos de la solución de conflictos incluyen conocer los signos del conflicto antes de que este ocurra, saber qué hacer durante el conflicto y cómo responder a las consecuencias de una discusión.

Todos tenemos nuestra propia manera de lidiar con los problemas y encontrar soluciones, no hay dos conflictos iguales porque no hay dos personas o situaciones que sean idénticas. Hacer frente a los conflictos es una habilidad vital porque te puede ayudar a conducirte con mayor facilidad por la vida, a tener más éxito, a ser más elegante y profesional durante las situaciones difíciles. Puedes pensar que remediar un conflicto requiere que nunca pierdas los estribos, esto es incorrecto, ya que todos somos humanos, todos cometemos errores y decimos cosas que no queremos decir y olvidamos de vez en cuando lo que hemos estado practicando. Ser capaz de resolver conflictos no significa que nunca puedas dar tu opinión o perder los estribos. A veces, debemos ser firmes acerca de nuestra opinión para transmitir nuestro punto de vista. Sin embargo, arreglar conflictos nos enseña cómo podemos evitar perder la calma de tal manera que podamos perjudicar a los demás o comprometer el poder resolver la difícil situación.

Las personas que luchan por medio de la violencia pueden tener un problema oculto con el manejo de los entornos desafiantes o de las confrontaciones, porque no pueden separar sus propias creencias y opiniones de las de los demás. Cuando alguien puede identificar qué desencadena los conflictos, puede aprender a sobrellevar o a prepararse para cualquier confrontación. Cuando comprendes cuál es la raíz del problema, puedes dar un paso atrás y trabajar para resolver de manera creativa los problemas, aprender a trabajar en equipo y formar relaciones a largo plazo. Esto requiere que descubras cuál es tu respuesta típica hacia un conflicto y cuándo sueles entrar en acción ante un problema. Aprender a resolver rápidamente las confrontaciones tiene muchos beneficios, algunos de los cuales se analizan a continuación.

Relaciones más fuertes

La mayoría de las relaciones fuertes y positivas se basan en la confianza, en la lealtad, en la honestidad, en los límites y en el respeto. Cuando aprendes a arreglar un conflicto y puedes comprender de dónde viene, puedes construir relaciones personales más saludables. La honestidad, los límites convenientes y la asertividad personal son las raíces de todas las relaciones sólidas. No todos los conflictos están mal o son dañinos, puede ser provechoso discutir o tener desacuerdos, porque necesitas comprender la perspectiva de otra persona para poder construir una relación con ella.

Por ejemplo, alguien puede necesitar encontrar un compañero de casa, por lo que publica un anuncio en línea, todo lo que ofrece suena increíble, por lo que respondes y después de un par de semanas te mudas. Al pasar el tiempo, surge un conflicto porque tu compañero llevo un perro a la casa, siendo que le habías dicho con anterioridad que eras alérgico al pelo de las mascotas. Él lo hizo porque no pensó que estarías en casa en ese momento y que no iba a representar un problema tan grande. Como resultado, se desata una discusión, después tu compañero lleva al perro a dar un paseo hasta que su dueño pueda ir a recogerlo. Cuando vuelve a casa, tienes una charla sana y tranquila con él, dice que no se dio cuenta de que tú alergia fuera tan severa y que en un futuro nunca traerá un animal a casa. Cómo piensas que es sincero, sientes que puedes confiar en él, por lo tanto, la relación crece y construyes una amistad más estrecha y más fuerte que antes.

Alcanzar las metas para tener éxito

Las habilidades para resolver conflictos pueden tener un impacto real en tu capacidad para tener éxito y poder alcanzar tus objetivos. Cuando cambias tu mentalidad, aprendes nuevas formas de ver las cosas, aprendes acerca del lenguaje corporal y sobre estrategias de escucha efectivas, gracias a ello estás mejor preparado para enfrentar todos los desafíos. Solucionar conflictos implica ser consciente de cómo hablas, de cómo se percibe tu mensaje y cómo puedes presentar el mensaje adecuado. Cuando te ves envuelto en una confrontación, no puedes saber inmediatamente qué tienes que hacer, para ello se requiere de autoconciencia. Esta es la capacidad de saber qué piensa y que siente la otra parte involucrada en el conflicto. Estas habilidades requieren tiempo, dedicación y motivación para ser dominadas, esta perseverancia y autodisciplina son claves para establecer y alcanzar con éxito tus objetivos.

Mostrando excelentes habilidades de liderazgo y gestión de equipos

Las habilidades para remediar conflictos te ayudan a ver las situaciones de tal manera que consideras cada escenario como un "nosotros" en lugar de como un "yo". Un líder piensa en los demás y en cómo las decisiones afectarán al equipo, muestra empatía hacia quienes lo rodean. Liderar a otros de manera efectiva requiere compromiso y dedicación para llevar a cabo las acciones una vez que se ha dicho que hará algo. Las habilidades que arreglan conflictos te preparan para el liderazgo y para ser una parte más fuerte dentro de un equipo.

Abrazando nuevas perspectivas

Nuestras perspectivas influyen mucho en nuestras acciones. Algunas personas son tercas y otras son más flexibles, algunas tienen mal genio mientras que otras son pacientes, algunas son de mente cerrada, mientras que otras son de mente abierta. Las habilidades para hacer frente a los conflictos te ayudan a definir quién eres, cómo percibes y cómo respondes a las disputas. Se trata de aprender acerca de cómo se sienten y piensan los demás, para estar abierto a aprender nuevos puntos de vista. Resolver conflictos te brinda una mayor comprensión de cómo combinar tu propia perspectiva con las opiniones de los demás para lograr un resultado equitativo.

Es cierto que no podemos evitar los conflictos, que es probable que estos lleguen a nuestras vidas en cualquier momento. La mayoría de las veces los problemas son vistos como algo malo porque desencadenan emociones fuertes dentro de nosotros, sin embargo, puede ser algo positivo ya que es una oportunidad para crecer como persona, al aceptar los cambios y estar abierto a las opiniones de los demás.

Teorías de solución de conflictos

A lo largo de la historia ha habido muchas teorías sobre cómo remediar los conflictos. Cuatro de las principales teorías se analizan a continuación.

Teoría del conflicto uno: Morton Deutsch - Modelo cooperativo

La primera teoría es el Modelo Cooperativo de Morton Deutsch. Su teoría se basa en las relaciones interpersonales motivadas por la cooperación o la competencia. El proceso de cooperación nos permite resolver disputas al estar dispuestos a escuchar y estar abiertos a las ideas y puntos de vista de otra persona. Esto tiene un efecto positivo, sin embargo, la competencia significa que dos partes no pueden cooperar debido a que ambas desean ganar. La teoría de Deutch dice que casi siempre la competencia en un conflicto tendrá una consecuencia negativa, cuando una persona salga como "ganadora" y la otra como "perdedora". Su investigación sugiere que una manera constructiva de arreglar los conflictos resulta de una naturaleza de cooperación y de un deseo de resolver los problemas. Deutch concluyó que si ambas partes cooperan, pueden llegar a comprender más fácilmente los puntos de vista del otro. Creía que esto podría lograrse aprendiendo las normas de cooperación, las cuales son honestidad, respeto, reconocimiento, empatía, perdón y una comprensión mutua de la situación y el conflicto.

Teoría del conflicto dos: Roger Fisher y William Ury - Negociar con base en principios

En la Teoría de negociación de principios, sus creadores Fisher y Ury se reunieron en la Universidad de Harvard para trabajar en un proyecto llamado "El Proyecto de Negociación". En 1943, Fisher estudió Derecho en dicha universidad y se interesó en poder resolver las disputas de las personas. Quedó tan impresionado por un ensayo de investigación de Ury sobre las negociaciones de paz en el Medio Oriente, que lo invitó a trabajar con él después de convertirse en profesor de Harvard en 1960. Juntos escribieron el libro "Cómo llegar al sí", que rápidamente se convirtió en un best-seller. Trabajando con Fisher y sus enseñanzas, Ury se convirtió en un mediador y asesor de negociación.

La Teoría de la negociación basada en los principios que se presentan en "Cómo llegar al sí", se basa en cómo lograr un buen resultado en una negociación. Se cree que las personas solucionan sus problemas llegando a un acuerdo sabio y eficiente, esto significa que satisface los intereses de ambas partes. En sus hallazgos, Fisher y Ury establecieron cuatro principios esenciales sobre cómo hacer que la negociación sea efectiva. Debían separar a la persona (o personas) del problema (o conflicto), enfocarse en agendas y no en situaciones para crear ideas que ayuden al entendimiento mutuo, usando pautas objetivas. El propósito de esta teoría era que cada parte en conflicto (cada persona) logrará un acuerdo y un compromiso negociando bajo estos términos.

Teoría del conflicto tres: John Burton - Modelo de necesidades humanas

El modelo de necesidades humanas de Burton se basa en la creencia de que el conflicto es una cuestión social, o un problema personal relacionado con las necesidades humanas. Burton dice que si la inequidad social es la causa principal de los conflictos, entonces es irrelevante tratar de resolver estos hasta que no se corrijan las normas sociales. Burton sugiere que las reglas de la sociedad tendrían que ser ajustadas para que se adapten a las necesidades de cada individuo. Él cree que la agresión y el comportamiento antisocial se derivan de las circunstancias sociales y su negación hacia las necesidades humanas. Concluye que para evitar futuros conflictos y comportamientos perjudiciales se deben lograr cambios sociales, por ejemplo, se debe reconocer la labor de los empleados y se debe dar un papel más importante a los adolescentes en la sociedad. Burton sugiere que no son las personas las que necesitan cambiar para la sociedad, sino la sociedad la que necesita cambiar para las personas.

Teoría del conflicto cuatro: Bush, Folger y Lederach - Transformación del conflicto

La teoría de la transformación del conflicto sugiere que, en lugar de tratar de resolver o manejar el problema, deberíamos transformarlo. La transformación requiere una solución que pueda satisfacer los intereses de todos los grupos. La idea de Bush, Folger y Lederach de la transformación del conflicto requiere cambiar la actitud y el comportamiento de un individuo y la relación entre dos o más de las personas involucradas en él. Lederach sugirió que al centrarse en las necesidades y la comprensión mutuas, en lugar de las diferencias entre las partes, es más probable que el conflicto se transforme en diálogo y que se tenga la facultad de cooperar para resolver los problemas.

Ahora que entendemos algunas teorías importantes sobre cómo hacer frente a los conflictos, veamos cómo identificar nuestros propio comportamiento y respuesta ante los mismos.

Comportamientos usuales ante los problemas

Cuando observamos los comportamientos de las personas, observamos cómo actúan en diversas situaciones, cuáles son sus valores y las características de su personalidad. Entonces, ¿qué son exactamente los comportamientos para poder resolver problemas o de solución de conflictos? Son comportamientos que las personas tienen cuando intentan remediar un encuentro incómodo o resolver un problema. La asertividad es uno de los comportamientos más comunes que las personas usan cuando están dentro de un conflicto. Otros tipos de comportamientos comunes que las personas exhiben cuando se enfrentan a una confrontación o disputa son:

- Complacer.
- Evitar.
- Comprometerse.
- Colaborar.
- Competir.

La respuesta de querer **complacer** es cuando la persona deja de lado todas sus necesidades y deseos, priorizando los de los demás. Si bien esto puede parecer un buen enfoque, en realidad puede resultar doloroso, ya que la persona que complace puede sentir que no puede obtener lo que quiere de la situación. Esto puede provocar o derivar de una falta de confianza o de autoestima. Aunque este puede ser un buen comportamiento para remediar una situación o evitar que un problema se intensifique a corto plazo, se puede usar para evitar llegar a la raíz del problema. Los únicos momentos en que este método puede ser útil es cuando el conflicto no es tan importante para ti, o si has sido manipulado para aceptar y ya no quieres pelear. En ocasiones, lo puedes usar para librarte de un problema.

El comportamiento de **evitar** significa miedo o falta de responsabilidad en la mayoría de los casos. La técnica de evitar es fingir que no hay conflicto, ignorar el problema o postergar este hasta que "se solucione por sí mismo". Este tipo de comportamiento es quizás la forma más ineficiente para remediar un problema. Puede provenir del miedo a la confrontación o del ego de la persona, al creer que el asunto no merece su atención. Este enfoque se puede utilizar si alguien cree que, de todos modos, no puede "ganar" la discusión o si está esperando más información para reforzar su caso.

El comportamiento de **comprometerse** puede ser eficiente y efectivo cuando ambas partes se involucran por igual. Es un comportamiento positivo que se basa en encontrar un término medio o algo que cada parte esté dispuesta a perder para poder ganar algo más. Es mejor usarlo cuando la disputa es entre dos personas en lugar de un grupo grande. Comprometerse puede ser efectivo si el objetivo es alcanzar mutuamente una solución, lo cual puede ser difícil de lograr si ambas partes se niegan a ceder.

La conducta de **colaborar** incluye la expectativa de que todos los participantes puedan ganar. Si esto no es posible, para poder remediar el conflicto se puede optar por una estrategia de compromiso y negociación. Este tipo de comportamiento es quizás el método más gratificante para resolver conflictos, ya que ayuda a que todos los participantes trabajen en equipo. Todos ganan y todos se benefician. Esto a menudo resulta en que ambas partes obtienen todo lo que necesitan, ya que cada parte está dispuesta a ayudar a la otra con sus objetivos.

La **competencia** es solo un comportamiento positivo cuando resulta divertida y amigable, por ejemplo, en apuestas con amigos, en deportes o en carreras. Sin embargo, cuando se compite de tal manera que solo uno de los individuos puede ganar, esto se convierte en un comportamiento negativo. Este tipo de comportamiento es común en una persona que tiende a discutir y a querer tener siempre la última palabra, intenta imponer su punto de vista, sin escuchar el de los demás.

Todos tenemos diferentes formas de manejar una situación incómoda. Algunas personas son más agresivas que otras, mientras que otros dejan de intentar ganar. Poder arreglar con efectividad un conflicto a veces requiere que "escojas tus batallas". En ocasiones, no estamos en condiciones de ganar o no tenemos tiempo para discutir, necesitamos aprender cuándo hablar y cuándo no, así como saber escuchar. En todos los casos, debemos de abordar de frente al problema y tratar de resolverlo con la mejor de las intenciones, utilizando principios como la empatía y la igualdad, manteniendo la mente abierta y una actitud positiva.

Mente Abierta

Tener una "mente abierta" significa que escuchamos al otro antes de responder por impulso emocional, es decir, nos detenemos por un momento a considerar seriamente su punto de vista. El objetivo principal es prestar atención a los sentimientos de los demás para poder encontrar juntos la raíz del problema y así llegar a una solución. Preguntarte a ti mismo y a los otros cómo se sienten, puede ayudarte a mantener una mente abierta en situaciones de conflicto.

Empatía

La empatía significa realmente tratar de comprender la experiencia, la perspectiva y los sentimientos de las otras personas, requiere que escuches atentamente con el objetivo de comprender su punto de vista. Debes dejar de lado todos los juicios o nociones anteriores que tengas sobre las personas con las que estás en conflicto. Realmente debes tratar de tener compasión con su experiencia u opinión. Declaraciones de empatía como "No me di cuenta de que te hice sentir de esa manera" o "No me di cuenta de que esta decisión tendría ese resultado para ti" pueden ayudar. Usa un lenguaje positivo sin usar un tono condescendiente, así puedes mostrarle al otro que comprendes sus necesidades y que realmente quieres resolver el problema.

Igualdad

Trata a las personas como tus iguales. Muchas personas dicen que saben lo que significa la igualdad pero desprecian a las personas sin hogar, a sus jefes o a las personas que son diferentes a ellos. La verdad es que siempre habrá alguien más tenaz, más fuerte, más inteligente o más rico que tú, pero también serás más tenaz, más fuerte, más inteligente o más rico que alguien más. La igualdad significa que todos los juicios se diluyen y ves que los demás tienen el mismo valor que tú, independientemente de su estatus económico o social. Para practicar esto, considere las ideas de los demás exclusivamente por su mérito.

Actitud positiva

Si abordas los problemas con una mentalidad negativa, serás inherentemente pesimista. Cuando optas por lo contrario, entonces eres un optimista y el optimismo levanta el ánimo de todos, te motivas y eres capaz de motivar a los demás a encontrar soluciones, en lugar de centrarse únicamente en los problemas. Para practicar la actitud positiva, expresa tu entusiasmo por encontrar una solución y por demostrar a los demás que sus opiniones no han sido descartadas.

Si nos comportamos de una manera optimista, podemos estar seguros de encontrar una solución, construir relaciones más saludables y tener éxito a un ritmo más rápido que aquellos que son destructivos y negativos. Cuando eres conocido por encontrar soluciones de una manera optimista, sensible y eficiente, serás más apreciado por los demás, te sentirás mejor contigo mismo y obtendrás más oportunidades en tu carrera y en tu vida.

Resumen del capítulo

Como ya has aprendido, existen diferentes enfoques para hacer frente a los conflictos. Para tener un éxito al resolver conflictos se requiere de una mentalidad y un comportamiento optimista. Si tu respuesta a una disputa es ser agresivo o tener motivos ocultos, el conflicto se va a intensificar y terminará de manera negativa para todos los involucrados. Cada persona es diferente, tienen sus propios puntos de vista y actúan de acuerdo a lo que creen correcto, así que trata de pensar como ellos. Al usar estrategias positivas que consideren las necesidades de todas las partes involucradas, es más probable encontrar una solución equitativa al conflicto.

En este capítulo, aprendiste sobre los fundamentos de la gestión de conflictos. Específicamente, cubrimos:

- Los beneficios de resolver conflictos.
- Cuatro teorías sobre el origen de los conflictos.
- Comportamientos y respuestas usuales ante los problemas.
- Cómo abordar y reducir el conflicto.

El siguiente capítulo es la primera de siete técnicas sobre cómo dominar el arte de remediar conflictos. Aprenderás a enviar el mensaje adecuado mediante una comunicación verbal efectiva. Obtendrás una profunda comprensión del poder del diálogo y por qué es más difícil hablar con algunas personas más que con otras.

CAPÍTULO TRES:

Técnica de resolución de conflictos No. 01 - Dominar el poder de la conversación a través de la comunicación verbal

Hay cuatro formas principales de comunicación: verbal, no verbal, escrita y visual. A menudo se argumenta que la verbal es la forma más esencial de comunicación. Cuando pensamos en la comunicación verbal, ¿que se nos viene a la mente? Hablar con otras personas sobre nuestros intereses o nuestros problemas, hay una infinidad de temas de los cuales podemos conversar. Pero, ¿estamos hablando el uno con el otro o el uno al otro? En la actualidad las personas se comunican a través de mensajes de texto, correos electrónicos, redes sociales u otras formas escritas de comunicación. Cuando estamos platicando con alguien cara a cara, a menudo también revisamos nuestros teléfonos o dispositivos digitales, esto nos impide escuchar con eficacia y nos perdemos lo que el otro está tratando de decirnos. Muchas personas piensan que tener un diálogo significa que dos o más personas tienen una discusión y cada una de ellas se turnan para tomar la palabra. Sin embargo, el diálogo no se trata solo de hablar entre ellos, se trata de comprender lo que se está comunicando y determinar cuál es el mensaje que está detrás de las palabras. La comunicación verbal tiene muchos más componentes que solo hablar en voz alta, consta de aprender a escuchar, de obtener información, de pensar antes de contestar y, en última instancia, de prevenir conflictos de la manera más eficaz posible. Cuando combines la comunicación verbal con la no verbal (lo cual aprenderás en el próximo capítulo), te podrás convertir en un maestro de la comunicación.

La comunicación verbal es la práctica de escuchar lo que otra persona nos dice, interpretar su mensaje con la intención que intenta transmitir y responder adecuadamente a esa declaración. Las personas se escuchan a sí mismas, pero no prestan atención a lo que el otro está diciendo. Tener una mala habilidad para escuchar resulta en una mala interpretación de los hechos, lo que puede conducir a conflictos. El problema es que la mayoría de las personas realmente no están escuchando para entender lo que se les está diciendo, sino que escuchan para responder y están demasiado concentrados en las cosas que quieren decir, en lugar de lo que acaba de decir la otra persona. La solución a este problema es aprender técnicas de escucha efectivas y luego enfocarse en transmitir el mensaje que se quiere comunicar en los mismos términos en los que se está hablando.

Las habilidades básicas que necesitas tener para lograr una comunicación verbal efectiva son:

- Hablar eficazmente
    - Elige las palabras correctas para transmitir tu mensaje. ¿Quién es tu audiencia?
    - Usa el tono adecuado, no seas condescendiente, despectivo o agresivo.
    - Responde específicamente a lo que dijo la otra persona.
    - Asegúrate de que no hacer declaraciones que puedan resultar contradictorias.

- Contexto
    - Tienes que saber con quién estás hablando y qué es lo importante para esas personas.
    - Comprende el tema que se está discutiendo, recopila más información si es necesario.
    - Asegúrate de que la ubicación y la hora sean apropiadas para la conversación.

- Escucha activa
  o Mantén una mente abierta.
  o Liberate de los prejuicios.
  o Evita pensar en una respuesta hasta que escuches completamente la declaración de la otra persona.
  o Se paciente y tómate tu tiempo para escuchar. Si tienes dudas, pregunta.
  o Enfoca tu atención en el orador, no mires la televisión por encima de sus hombros, revises tu teléfono o cambies de tema.
  o Escucha las frases completas, no solo palabras aisladas durante la conversación, porque podrías mal interpretar el mensaje general.

Aprender a conversar efectivamente requiere práctica y paciencia. Ambas partes pueden hablar y escuchar haciendo preguntas basadas en cosas que no entienden. El que hagas preguntas también le dice a tu orador que deseas saber más, que estás entusiasmado por comprender el mensaje que intenta transmitir y que respetas su derecho a ser escuchado. También muestra que estás dispuesto a participar sin desviar la conversación hacia ti, lo que genera una buena relación y confianza. El último paso para dominar efectivamente la comunicación verbal es terminar la conversación con respeto, una vez finalice la conversación, puedes hacer una breve pausa y, cerrar la discusión con las palabras apropiadas. Lo cual puede incluir un resumen de manera cordial de todo o que se ha dicho o simplemente decir: "Eso fue realmente interesante, me alegra haber tenido la oportunidad de hablar".

Hablando efectivamente

Parte de la comunicación verbal es aprender a hablar de manera efectiva, lo que tiene que ver tanto con la paciencia y la escucha como con las palabras que usas. Uno de los problemas con la sociedad actual es que nadie quiere tomarse el tiempo para escuchar a los demás. Estamos muy ocupados escuchando nuestros propios pensamientos que a menudo no nos tomamos el tiempo para pensar detenidamente sobre lo que estamos a punto de decir. Con las redes sociales podemos conversar entre nosotros, pero no estamos realmente hablando, ya que nuestra atención no está en la conversación sino con nosotros mismos. Por ejemplo, cuando acudes a una reunión social, puedes tener la intención de hablar sobre ti mismo y tus ideas. ¿Cuántas personas van a una reunión solo para conocer a otras personas y escuchar sus opiniones? Hablar eficazmente comienza con una escucha efectiva.

Parte de hablar efectivamente requiere "decir lo que piensas y pensar lo que dices". En otras palabras, debes de ser genuino, veraz y hacer un seguimiento de las cosas que prometiste hacer. Hablar de manera efectiva requiere que transmitas tu mensaje de acuerdo a cómo deseas que este sea interpretado. Si deseas conseguir una reacción positiva, utiliza tonos y palabras alentadoras. Si deseas la ayuda de los demás, usa un tono de pregunta o redacta la pregunta según el tipo de respuesta que estás esperando. Hablar eficazmente requiere la elección correcta de palabras y de tono de voz, también es importante tu respiración y la claridad de tu mensaje. El ritmo en el que hables y tu riqueza de lenguaje además desempeña un papel muy importante para hablar de manera competente.

Elección de palabras

Las palabras que usas son el aspecto más importante de una conversación y deben elegirse cuidadosamente para garantizar que tengan el efecto deseado. Debes tener en cuenta el contexto de la situación y con quién estás hablando. No vas a elegir las mismas palabras para hablar con un niño o con un extranjero que para hablar con una autoridad académica o con un nativo. Considera a tu audiencia y usa las palabras que sepas que van a entender, si no estás seguro, usa oraciones más pequeñas y un lenguaje simple para asegurarte de que todos sepan lo que estás diciendo, cuando uses ejemplos, describe situaciones con las que se puedan relacionar. Las palabras siempre deben ser optimistas y poderosas, en lugar de negativas o condescendientes.

Tono de voz

Se puede saber mucho sobre el estado de ánimo, motivación y actitud de una persona simplemente escuchando el tono de su voz. Por ejemplo, una persona reservada puede hablar en voz baja y vacilante. El tono y la entonación utilizados sugiere que es alguien tímido, que carece de confianza y que busca un líder. Con este tipo de personas, te puedes acercar a ellas siendo alentador y teniendo empatía, usando una voz tranquila y calmada, vas a alentar a que te escuchen.

Por otro lado, alguien que tenga más confianza tendrá un tono de voz firme y dominante. Esto implica que saben de lo que están hablando y que pueden asumir un papel de liderazgo. Considera cómo hablas tú con los demás, ¿pareces tímido, confiado o estás en algún punto intermedio? El tono de tu voz es importante, ya que influye en la impresión que les da a los demás y la disposición que tendrán de escuchar tu punto de vista.

El efecto de respirar

Las emociones se expresan en nuestras voces. Si estamos nerviosos o ansiosos, nuestra respiración será corta, pudiendo hiperventilar o nuestra voz podría resultar cortante y vacilante. Si estamos cómodos, nuestra respiración se mantendrá estable, será uniforme y tranquila, lo que ayudará a que nuestra voz suene suave. Nuestra respiración también influye en nuestro lenguaje corporal, por ejemplo, si nuestra respiración es esporádica, nuestra postura rígida y nuestros músculos están tensos, este lenguaje corporal envía señales a nuestro cerebro que nos pone ansiosos, perturbando la tranquilidad de nuestras voces. Imagina que los cantantes no pudieran dejar de ser tímidos y reservados cuando suben al escenario frente a grandes multitudes, no sonarían tan seguros o competentes como lo hacen en el estudio, cuando solo unas pocas personas están presentes. Los cantantes y oradores públicos practican su respiración y se graban a sí mismos, para que puedan identificar los errores de voz que cometen y así corregirlos. Asegúrate de respirar profundamente y regular tu respiración para transmitir confianza cuando hables. La respiración profunda y constante tiene un efecto calmante, que te ayudará a estar más relajado, concentrado y serás capaz de moderar tu discurso. La respiración influye en tu tono, entonación y volumen, por lo cual el tema de la respiración volverá a aparecer más adelante en el libro, así que recuerda lo que has aprendido aquí, ya que se va a reforzar más adelante, así de importante es la respiración para poder hablar eficazmente.

Volumen

Elegir el volumen de tu voz determina la eficacia con la que te van a escuchar. La respiración juega un papel importante en que tan alto o que tan bajo hablas. Cuando respiramos profundamente, podemos proyectar nuestras voces en voz alta, lo que a veces es necesario, por ejemplo, cuando se trata de que seas escuchado en un grupo o en una sala grande, porque quieres que tu voz se escuche hasta el fondo. Sin embargo, si estás hablando con alguien que está frente a ti, no quieres gritarle, por lo cual, bajaras el volumen. Es más fácil hablar en voz baja y tranquila cuando respiramos a un ritmo tranquilo y constante.

Transparencia y claridad

La transparencia y la claridad a menudo determinan el nivel en el que los demás te van a entender y van a confiar en ti. Podemos querer decir una cosa pero implicar dentro de nuestro mensaje algo completamente diferente o podemos explicar algo de una manera tan complicada que el punto no se entienda. ¿Estás fingiendo estar bien cuando realmente estás molesto? ¿Estás "andando por las ramas"? A esto se le conoce como mensajes contradictorios, lo que dificulta el poder resolver los conflictos porque nadie está realmente enfocado en el asunto.

Silencio y pausas

Para poder transmitir un mensaje de manera apropiada, debes combinar un discurso poderoso con las pausas apropiadas. Si estás hablando constantemente, la otra parte no tiene la oportunidad de escucharte, procesar la información y luego responder. Una vez que hayas terminado con una idea o con una frase, realiza una pausa antes de continuar rápida con el siguiente punto, esto le da tiempo a los demás para pensar en lo que has dicho. Mira a la otra persona para ver si está a punto de decir algo, dale la oportunidad de hablar.

Conversaciones difíciles

La mayoría de los conflictos surgen a causa o durante conversaciones difíciles. Una conversación difícil es una discusión sobre un tema que resulta incómodo. A la mayoría de las personas no les gusta entablar conversaciones difíciles por temor a las consecuencias y a lo imprevisible de su resultado. Por lo general, las conversaciones difíciles surgen al preguntar qué sucedió, por emociones intensas, diferencias de opinión sobre creencias o comportamientos o por preguntas de índole personal. Las estrategias eficaces para hablar y escuchar pueden convertir un argumento violento en una oportunidad de aprendizaje. Una cosa que siempre debes tener en cuenta cuando estás entrando o soportando una discusión difícil es que no puedes controlar a nadie más que a ti mismo en ese momento. En última instancia, esto significa que si debes tomarte un momento para recuperarte, debes hacerlo. Repasemos tres situaciones difíciles y cómo gestionarlas en beneficio de todas las partes.

"¿Que pasó?"

Por lo general en el conflicto de "lo que sucedió", una persona piensa que sabe todo sobre un evento, los motivos de la parte contraria y cómo se sintió. Una situación puede salirse de control rápidamente debido a un malentendido o a palabras dichas sin pensar. Por ejemplo, si involuntariamente le dijiste algo por enojo a tu amigo, él podría suponer que lo hiciste para lastimarlo y podría concluir que eres una persona rencorosa. Otro momento de "lo que sucedió" puede ocurrir cuando una persona piensa que todo es culpa de la otra persona o piensa que todo es culpa suya, lo cual puede provocar culpa, rechazo y malestar. El método de pensamiento "todo es culpa mía / tuya" es doloroso porque hace que alguien se sienta mal y refuerza la creencia de que solo una persona tiene la culpa.

Una mejor manera de ver el conflicto es admitir que todas las partes participaron en los eventos que llevaron al conflicto. Averigua quién es responsable de qué etapas del evento sin repartir culpas. En el calor del momento todos pueden suponer que conocen todos los lados de la historia, pero esto es mantener la mente cerrada, lo que no los lleva a ninguna parte. En cambio, deben de escucharse mutuamente usando habilidades de escucha activa e intentando ver desde el lugar de la otra persona. Lo más probable es que todos hayan percibido la situación de manera diferente. Una cosa que debes recordar cuando comienza una conversación difícil es que tienes derecho a tener tus propios sentimientos y pensamientos, pero nunca puedes predecir o asumir que sabes lo que está sucediendo en la cabeza de otra persona.

Emociones intensas

Las emociones intensas pueden incluir ira, malestar, tristeza o confusión. Cuando las emociones aumentan, puede ser un desafío poder superarlas y concentrarse en escuchar a alguien más. Las emociones irracionales son algo que necesitamos resolver antes de que podamos entrar en una discusión, de lo contrario, nos cegaran para poder ver la verdad y comprender el punto de vista del otro. El desafío de las conversaciones con emociones intensas es que son difíciles de calmar y finalmente podemos culpar a la otra parte por hacernos sentir de esa forma. En esos momentos somos tan vulnerables que podemos creer que la razón de nuestros problemas son las personas con las que discutimos, por lo cual pensamos que es su responsabilidad arreglar la situación y hacernos sentir mejor.

Nuestro error en esta forma de pensar es no aceptar que en realidad tenemos control total sobre cómo nos sentimos en todo momento. En lugar de buscar simpatía o que alguien más nos calme, el poder está en nuestras manos, nosotros mismos podemos calmarnos. Cuando los sentimientos intensos provocan una conversación difícil, podemos atacar con palabras duras y no hablar con calma con la persona que nos molestó.

Analiza tus propios sentimientos, identifica qué desencadenó las emociones intensas y discute lo que te molestó sin juzgar ni culpar, esto ayudará a resolver el conflicto.

Identidad personal

Este tipo de conversación existe dentro de nosotros mismos. Se trata de lo que nos decimos y de cuánto escuchamos a nuestro crítico interno, de quiénes somos y de cómo nos presentamos a los demás. La identidad personal afecta cómo vemos a los demás, como nos vemos a nosotros mismos y cómo asumimos como otros nos ven. Como una defensa del mundo exterior, podemos levantar muros defensivos a nuestro alrededor, volvernos solitarios o podemos ser impredecibles, como una forma de proteger una autoimagen de todo o nada. Si alguien nos hace cuestionar nuestra identidad o trata de adivinar nuestras opiniones o acciones, puede causarnos un conflicto con nosotros mismos y con los demás. Es importante comprender que el que las personas tengan una opinión diferente a la nuestra no significa que estén cuestionando nuestra identidad personal, sino que todos queremos ser escuchados, vistos y apreciados.

Administrar conversaciones difíciles

Involucrarse en conversaciones difíciles nos hace sentir incómodos, por lo cual a veces evitamos este tipo de discusiones para no tener que enfrentar las consecuencias. Sin embargo, cuanto más evitemos las cosas, más conflictos tendremos en nuestras vidas porque no aprendemos cómo resolver problemas de manera efectiva. Durante una disputa, tendemos a decir y hacer cosas antes de haber tenido tiempo de pensar, esto provoca que los conflictos se intensifiquen. Si continuamos haciendo las cosas de esta manera, vamos a terminar con un historial de amigos, empleos y socios perdidos. Enseñamos a nuestros cerebros que es mejor defendernos para no lastimarnos, en lugar de entrenar a nuestras mentes sobre cómo resolver un problema en beneficio de todos los involucrados.

El primer paso para manejar una conversación difícil es prepararse mentalmente. Comprométete a estar tranquilo y a no hacer adversarios, tienes que estar dispuesto a mirar dentro de ti para ver cómo contribuiste al conflicto, tienes que preguntarte por qué estás teniendo este problema y qué quieres sacar de él. Comienza el diálogo en un buen momento y en un lugar apropiado, presenta los puntos a conversar y establece cuál es tu intención. Asegúrate de estar tranquilo y concentrado, observa a la otra persona en busca de señales claras de que está lista para entablar una conversación. Una vez que ambos estén listos para comprometerse con el diálogo y resolver el problema, pueden continuar. Asegúrate de que tus pensamientos sean claros y, si es necesario, escríbelos. Uno de los primeros errores que cometen las personas al iniciar una conversación difícil es que miran el conflicto solo desde su perspectiva, hablar desde un punto de vista en tercera persona ayuda a que las cosas funcionen mejor porque le da un tono neutral a la conversación. Pregúntale a la otra persona cuál es su perspectiva y luego presta toda tu atención cuando te responda. En cualquier conflicto, el objetivo es discutir las cosas de una manera madura y tranquila y enfocarse en resolver el problema. Una vez que se compartan todos los pensamientos, puedes comenzar a descubrir cómo resolver el problema, ten siempre presente que puede haber desacuerdos y tensión. Si no se llega a una resolución al final de la discusión, puedes considerar dejar las cosas en paz por un tiempo. Un poco de tiempo y distancia puede dar a ambas partes la oportunidad de evaluar sus posiciones.

Aquí hay algunas formas positivas de abordar el conflicto y trabajar a través de conversaciones difíciles:

Ten una discusión basada en hechos

Cuando te atienes a los hechos, es más fácil concentrarse en el objetivo de la conversación, que es resolver un problema o conflicto. Durante la discusión, tu intención debe centrarse tanto en escuchar el punto de vista del otro como en expresar tu punto de vista. Cada persona debe tener la oportunidad de exponer los hechos tal como los entienden, decidir en qué están de acuerdo y acordar averiguar la verdad sobre los puntos en los que difieren. La conversación debe estar estrictamente basada en hechos hasta que se resuelva, una vez resuelto el problema, puedes decidir si deseas o no discutir otros temas.

Se asertivo con empatía

A veces necesitamos reconocer que lo que decimos puede parecer ofensivo o hiriente si se entiende mal. Cuando sea su turno de hablar y sabes que algo puede interpretarse como ofensivo o molesto, comienza por presentar este hecho, por ejemplo, "Lo que voy a decir podría ofenderte o molestarte, no es mi intención, así que me disculpo de antemano. Me siento xxx ". Se siempre objetivo al expresar cómo te siente mientras evitas declaraciones que pueden mal interpretarse. El objetivo es hacer valer tus opiniones, teniendo en cuenta cómo se sienten los demás, ya que recuerda que lo que dices puede conducir a un conflicto mayor.

Mantente seguro mientras eres transparente

Parecemos más seguros cuando utilizamos nuestra voz al volumen y tono adecuados. Es más fácil transmitir nuestro punto con confianza cuando tenemos claro nuestro punto de vista y hemos anticipado el punto de vista de los demás. Entrar en la discusión con apertura y transparencia es práctico porque nos hace abordar el problema y ser honestos. Ofrece tus puntos de vista con libertad y solicita la opinión de la otra persona.

No tomes nada personal

Cuando estamos involucrados en un conflicto, a menudo tomamos en serio todo lo que se dice, lo que hiere nuestros sentimientos y puede hacernos responder irracionalmente. Escucha objetivamente y trate de no tomar lo que la otra persona dice demasiado personal. Intenta mantenerte enfocado en el problema y no en cómo te hace sentir que estás dentro de un conflicto. Cuando intentas resolver un conflicto teniendo una conversación, sé sincero, escucha con eficacia y deje tu sensibilidad en la puerta. Lo más probable es que, si están dispuestos a hablar contigo, su intención no sea lastimarte más, sino ser abiertos y honestos.

Se curioso y mantente interesado

Elimina todas las distracciones para poder estar completamente presente durante la plática. Muestra curiosidad e interés, deja que la parte contraria sepa que realmente deseas conocer su perspectiva. Esto refuerza la idea de que deseas resolver el problema, no solo de que lo estás haciendo debido a tus propias necesidades egoístas. Pon a un lado todas las expectativas, tira tus prejuicios por la ventana y asegúrate de estar dispuesto a escuchar tus sentimientos y opiniones.

Termina con una solución o propósito

Una vez que hayas participado en la conversación y hayas escuchado las perspectivas de cada uno, resume cuál es la situación actual, los principales puntos de vista y las áreas de desacuerdo y los puntos en común. Si ha habido una solución al problema, confirma cuál es. Si no ha habido una solución, comprométete a discutir nuevamente cuando todos hayan tenido la oportunidad de considerar lo que se habló.

Resumen del capítulo

La comunicación verbal es la base para resolver conflictos, por lo cual requiere habilidad y práctica. En este capítulo, aprendiste:

- Qué es la comunicación verbal.
- Cómo usar el diálogo.
- Las diferentes habilidades que necesitas para transmitir el mensaje adecuado.
- Cuáles son las habilidades de una escucha activa.
- Qué es una conversación difícil.
- Cómo gestionar conversaciones difíciles.

En el próximo capítulo, aprenderás sobre la comunicación no verbal y por qué esta es vital para la resolución exitosa de conflictos. Aprenderás sobre el lenguaje corporal, cómo leerlo en las personas y cómo resolver situaciones mediante la comunicación no verbal.

CAPÍTULO CUATRO:

Técnica de resolución de conflictos No. 02 - Dominar el poder de la conversación a través de la comunicación no verbal

La comunicación no verbal es una forma de expresarse que no involucra palabras. La verdad es que usamos comunicación no verbal cada vez que hablamos y entramos en una habitación. Utilizamos este tipo de comunicación como una forma de relacionarnos con los demás. Hay muchos componentes para la comunicación no verbal, es la forma en que te mueves, escuchas, miras, te paras, te presentas y reaccionas. Cuando te das cuenta de tu lenguaje corporal, puedes aprender a enfatizar tu mensaje de manera adecuada. Lo que dice tu lenguaje corporal puede influir en el resultado de tus conversaciones y disputas, por ejemplo, ¿sabes que el espacio que dejas entre tú y otras personas es una táctica de comunicación no verbal? ¿O que tus emociones juegan un papel en los movimientos que haces y las expresiones en tu rostro? ¿Sabes que para mejorar la comunicación no verbal, debes ser muy consciente de ti mismo y de los demás?

Un conflicto puede surgir cuando usas un lenguaje corporal negativo o cuando las señales verbales y no verbales que envías son contradictorias, por ejemplo, si tu voz es tranquila y silenciosa, pero tus brazos están cruzados y no haces contacto visual, esto puede parecer condescendiente o grosero. Sin embargo, cuando usas un lenguaje corporal amigable, manteniendo el contacto visual, muestras que estás tratando a la persona como un igual y que estás dispuesto a escuchar lo que dice. A continuación se analizan algunos ejemplos de comunicación no verbal.

Expresiones faciales

La mayoría de nosotros estamos familiarizados con el uso de expresiones faciales para expresarnos. Un guiño es un signo de coqueteo o un secreto compartido, una sonrisa es una señal de amistad o aprobación, una ceja levantada es un gesto de sarcasmo o falta de comprensión, una frente arrugada representa a una persona sumida en sus pensamientos o preocupada por algo, etc. Por lo general, puedes saber cómo se siente una persona o cuál es su estado de ánimo simplemente mirando su rostro. ¿Sabías que las expresiones faciales son un lenguaje universal? Cuando estás triste, se pueden formar lágrimas o un ceño fruncido. Una sonrisa es una expresión facial que señala felicidad. La ira se muestra con el ceño arrugado, miradas intensas, los dientes apretados y los labios fruncidos. Estas expresiones faciales son las mismas en todos los países del planeta.

Movimiento y postura

Imitar la postura o los gestos de alguien suele ser una señal de que se está formando una conexión entre ambos, es una forma de hacer que la otra persona se sienta más cómoda contigo. Nuestros movimientos y nuestra postura dice mucho sobre nuestro estado de ánimo, por ejemplo, si caminas con una postura recta y tu cabeza y ojos miran hacia adelante, significa que eres una persona segura de sí misma con una misión. En cambio, si caminas con las piernas encorvadas, los ojos en el suelo y tu ritmo es lento, es posible que no reflejes seguridad o que parezca que estás molesto. Dicho esto, todos tienen su propio estilo de movimiento, por lo que es injusto decir que el lenguaje corporal siempre es consistente con un cierto estado de ánimo. Algunas personas se mueven mucho, lo que puede ser un signo de ansiedad para ti, sin embargo, solo porque estas formas de actuar pueden indicar ansiedad o falta confianza para ti, no significa necesariamente que esa persona carezca de autoestima o esté de hecho ansiosa.

Gestos

Las expresiones faciales son universales, pero los gestos, como los ademanes con las manos, no lo son. Lo que el pulgar hacia arriba significa en una parte del mundo puede no significar lo mismo en otro lugar. Los gestos incluyen agitar, señalar, agitar los puños, hablar con las manos (agitarlas en el aire o usar los dedos como una forma de lenguaje de señas). Las personas de orígenes culturales o regiones similares generalmente comparten gestos comunes y pueden comunicarse de manera parcial mediante ellos.

Contacto visual

Mirar directamente a los ojos de otra persona es una característica de una comunicación amigable, por lo tanto, harás contacto visual con tu jefe si tienes una discusión seria con él y vas a mirar a tu amigo a los ojos si estás tratando de resolver una disputa o un debate. Hay diferentes maneras de mirar a las personas que pueden hacerte parecer desde amigable, hasta serio, enojado o triste. La forma en que miras a alguien puede enviar diferentes tipos de mensajes, por ejemplo, no vas a mirar a tu jefe de la misma manera que miras a tu esposo o esposa. El contacto visual puede representar interés, hostilidad o afecto dependiendo de cómo se use.

Contacto físico

Un ligero toque en la mejilla representa interés o afecto. Un empujón después de una broma sugiere una experiencia compartida y vínculos más estrechos. Un agarre firme en el brazo, la pierna u otras partes del cuerpo sugieren hostilidad, control o miedo. Como puedes darte cuenta, la comunicación a través del tacto puede enviar muchos tipos de mensajes. ¿Cómo vas a interpretar un apretón de manos que es demasiado débil o que es demasiado fuerte? ¿Cómo te hace sentir un abrazo estrecho y apretado? El tacto no se trata solo del contacto físico que recibes de alguien, se trata también de la emoción que crea en ti, por ejemplo, si recibes un abrazo de un miembro de tu familia, te sentirás feliz y afectuoso, mientras que si recibes un abrazo de alguien con quien estás en conflicto, es posible que no te sientas cómodo.

Espacio personal

El espacio personal, también conocido como proximidad, es la distancia entre individuos o grupos. El espacio entre las personas puede influir en nuestra sensación de comodidad o seguridad, por ejemplo, si estás haciendo fila en una tienda de abarrotes y puedes sentir a la persona detrás de ti literalmente respirando en tu cuello, ¿qué harías? ¿Cómo te sentirías y por qué? En un escenario similar, ¿estaría bien si la persona tan cerca de ti fuera su cónyuge o tu mejor amigo?

Los espacios que dejamos entre las personas crean el límite de nuestra zona de confort, por ejemplo, si eres el tipo de persona que le gusta tener su espacio, entonces tendrás un límite sobre qué tan cerca de ti pueden estar las demás personas, incluso tus amigos y puede que no te guste saludar a la gente con un abrazo. Por el contrario, si eres una persona que le gusta tener proximidad con los demás, entonces no te preocupa ceder tu espacio, puedes abrazar o estrechar la mano de todos. Las personas piensan de diferente manera acerca del contacto que quieren tener con los demás, la incomprensión de cuánto espacio necesita alguien puede generar conflictos o dificultar el resolverlos.

La comunicación no verbal puede mal interpretarse muy rápidamente. La forma en que te comportas, la forma en que los demás te ven, tu sentido de presencia, tus acciones y tus expresiones hablan con los demás sin usar palabras. Si eres bueno en el póker, posiblemente seas bueno en ocultar tu lenguaje corporal. Si tienes pobres habilidades de comunicación no verbal o no puedes controlarlas, alguien que juegue al póker contigo podría decir rápidamente cuando estás tratando de engañar (de farolear), lo cual puede originar una pérdida.Cuando la comunicación no verbal sale mal a menudo es porque hay señales mixtas, el individuo desconoce los mensajes que envía, lo que hace que el intento de su interlocutor de interpretar su lenguaje corporal no tenga éxito. Aquí hay un ejemplo: la persona A y la persona B se conocieron hace una semana y tienen una cita para tomar un café. La persona A tiene una contracción nerviosa y le resulta difícil mantener el contacto visual. La persona B se sienta derecha y tiene una pose segura que espera que la persona A también tenga. Durante toda la cita, la persona A no está nerviosa y la conversación fluye bien, pero su lenguaje corporal no está atento. La persona B interpreta esta comunicación no verbal como irrespetuosa y la señala a la persona A. Esto da lugar a una disputa sobre el hecho de que la persona B no siente que la persona A esté interesada o le esté escuchando. La persona A intenta disculparse, pero todavía no se da cuenta de su lenguaje corporal y no mira a la persona B mientras se disculpa, por lo que la persona B no siente que la disculpa sea genuina y se ofende. La cita del café termina en un desacuerdo.

El problema aquí era que la persona A no sabía cómo su comportamiento era percibido y la persona B interpretó incorrectamente el lenguaje corporal de la persona A. La persona A siempre se ha comportado de esa manera, por lo que no sintió que hiciera algo mal. Sin embargo, debido a que la persona B no conoce muy bien a la persona A, ambos recibieron señales mixtas que los confundieron. La comunicación no verbal puede salir muy mal, por lo que es importante que comprendamos cómo puede contribuir a un conflicto. Aprende formas apropiadas y efectivas de comunicarte de manera no verbal, esto te ayudará a comunicar el mensaje que deseas transmitir.

Señales de que el conflicto se agrava

El conflicto puede ocurrir en cualquier situación y cuando menos lo esperas. El objetivo es encontrar formas de resolverlo o prevenir que comience. La mayoría de las personas desconocen las señales de que el conflicto está por suceder, así que debes saber qué buscar, por lo cual lee tu propio lenguaje corporal y el de los demás. La mayoría de las veces puedes leer señales de sentimientos negativos simplemente prestando atención, algunos síntomas incluyen golpear superficies con los pies o los dedos, apretar las sienes, frotar la frente o la parte posterior del cuello, tener cejas fruncidas o una postura tensa. Si te sientes fastidiado o notas que tu paciencia está disminuyendo, podría ser momento de tomarte un descanso para poder recuperarte antes de que surja una discusión. Es posible que algunas personas ni siquiera sepan que estás molesto, así que este es un buen momento para calmarte si notas que la persona con la que estás usando este lenguaje no verbal, puede usar ese conocimiento en tu contra.

Asegúrate de interpretar adecuadamente el lenguaje corporal, por ejemplo, golpear el pie o los dedos es a menudo un signo de ansiedad, no solo de irritación. Lo mismo ocurre con la respiración irregular, muchas veces nos encontramos respirando de esa forma cuando nos sentimos fastidiados o frustrados, por lo que si alguien lo hace, puede parecer enojado, cuando podría ser que está sin aliento o se siente ansioso. Así que mira varias expresiones del lenguaje corporal hasta obtener una conclusión. Si las cejas se fruncen, la frente está arrugada y su expresión facial se asemeja a disgusto o decepción, es una señal de que un problema puede estar a punto de estallar. Junto con la ansiedad y otras señales emocionales, puedes saber si una persona está enojada por sus movimientos bruscos, si alguien está paseando, podría estar sumido en sus pensamientos o podría estar enojado. Entonces, si hay muchas señales que se pueden comunicar a través del lenguaje corporal y es posible que no todas tengan el mismo significado dependiendo de la persona, ¿cómo saber si alguien está enojado o no? Si no estás del todo seguro, pregunta.

Imagina que observas a tus vecinos discutir en el patio. En este ejemplo, diremos que es la mujer la que está enojada con el hombre, no puedes escuchar lo que está sucediendo, pero ves que sus brazos se agitan en el aire, su cabeza se sacude de lado a lado, su cara está sonrojada y sigue moviendo los pies como si las hormigas los mordieran. El hombre está muy quieto y luego trata de irse dándole la espalda, ahí es cuando notas que ella agarra su brazo con firmeza y parece gritar algo. Ves claramente que sus ojos son como dagas y que sus dientes están firmemente apretados. El hombre se da vuelta para mirarla y trata de darle un abrazo, pero ella se da la vuelta sacudiendo todo su cuerpo y avanza hacia la puerta de su casa. El hombre se va. En este ejemplo, reconoces el lenguaje corporal utilizado por la mujer como frustración y enojo, pero ¿por qué? ¿Cómo sabías que estaban teniendo una pelea? Durante todo el episodio, sus expresiones faciales y movimientos corporales denotaban enojo y agitación, estaba frunciendo el ceño, movía sus brazos, gritaba y no acepta un abrazo. Todos estos son signos claros de ira o frustración.

En este ejemplo específico, la pareja no puede resolver su conflicto en ese momento. Ambas partes se alejan, lo cual es un lenguaje corporal muy claro. Antes de que un conflicto se intensifique hasta ese punto, minimiza el lenguaje corporal negativo para poder mantener una conversación. Algunas cosas que pueden causar o intensificar conflictos son las siguientes:

- **Estar distraído:** durante la conversación las distracciones pueden desanimar a otra persona, enviando el mensaje de que no te importa escuchar lo que ella tiene por decir.
- **No hacer contacto visual:** la falta de contacto visual muestra que no estás atento a quien te habla. Si el contacto visual es un problema para ti, dilo y usa otras formas de comunicación para demostrar que estás allí para escuchar.
- **Jugar con tu teléfono o dispositivo digital:** incluso si crees que estás escuchando con toda tu atención, no lo estás haciendo. Cuando usas un dispositivos durante una conversación, solo estás escuchando parcialmente, ya que tus ojos están mirando el teléfono. No puedes comprender completamente cómo se siente la otra persona o qué transmite su mensaje si no estás escuchando por completo u observando su lenguaje corporal.
- **Estar distraído o no responder:** esto muestra una falta de respeto y la persona puede sentir que no tiene ningún propósito mantener una conversación ya que parece que no estás escuchando. Responder a la otra persona muestra que estás atento y pensando en lo que ha dicho.

- **Hablar demasiado rápido o demasiado lento:** ya sea que nos demos cuenta o no, hablar demasiado rápido o demasiado lento puede molestar a las personas porque tienen que esforzarse demasiado para poder entender lo que decimos. Puede ser una señal de falta de confianza y puede conducir a malentendidos o frustraciones.
- **Invadir el espacio personal:** el espacio personal define nuestro nivel de comodidad con los demás, dependiendo de nuestra moral, límites y valores o de nuestras experiencias personales. Una vez que nuestro espacio ha sido invadido, parece que con quien hablamos no nos está respetando y nos sentimos ofuscados o atacados. Podemos estar tan distraídos por la falta de espacio personal que no podemos concentrarnos en el diálogo, por lo que para protegernos podemos actuar a la defensiva o impulsivamente.
- **Lenguaje corporal evasivo o negativo:** en tiempos de conflicto, puedes usar una postura de lenguaje corporal evasivo si te estás defendiendo porque tienes un problema de seguridad. Sin embargo, cuando solo estás conversando, presentarse de forma evasiva implica que eres inaccesible, gruñón o desinteresado.

Mostrar un lenguaje corporal positivo muestra que te importa la otra persona y que estás prestando atención. La próxima vez que hables con alguien, piensa en tu lenguaje corporal y luego trata de imaginar que usa tu mismo lenguaje corporal. ¿Cómo te sentirías? ¿Que pensarías? Usa el lenguaje corporal para ayudar a transmitir tu mensaje, para comprender las señales que emites cuando actúas de cierta manera y para evaluar el estado de ánimo de los demás. Si deseas enviar el mensaje de que estás enojado y frustrado, utiliza el lenguaje corporal que envíe ese mensaje, pero si deseas mostrar que estás contento, debes usar herramientas amigables, positivas y no verbales que comuniquen ese mensaje.

Técnicas para remediar conflictos

Arreglar de manera efectiva los conflictos mediante la comunicación no verbal implica ver a los demás, ser visto e interactuar cara a cara con los demás. El uso de habilidades no verbales puede evitar que el conflicto se intensifique aún más. La mayoría de ellos ocurren en el lugar de trabajo o en el hogar, esto puede afectar nuestras relaciones profesionales o íntimas más importantes. Para los ejemplos en esta sección, vamos a considerar escenarios relacionados con el trabajo y las relaciones. Aquí hay formas de usar herramientas no verbales para hacer frente al conflicto antes de que se intensifique:

- Tómate un momento para ti.
    o Cuenta hasta diez, veinte, treinta, etc. hasta que te hayas calmado.
    o Inhala profundamente por la nariz y exhala por la boca dejando que todo el aire escape de tus pulmones.
    o Despeja tu cabeza, luego retoma la conversación.

- Ten cuidado. Observa y se consciente de todo.
    o ¿Qué sientes?
    o ¿Qué tipo de lenguaje corporal estás usando?
    o ¿Cómo está actuando la otra persona?
    o ¿Qué expresan las otras personas con su lenguaje corporal?
    o ¿Cuánto espacio hay entre tú y ellos?

- Mantén la calma.
    o Mantén contacto visual pero trata de mirar de una manera penetrante a la otra persona.
    o Respira a un ritmo constante y sereno.
    o Mantén tus expresiones faciales amables, aprobatorias o inexpresivas.
    o Ten la disposición de escuchar con empatía..
    o Párate o siéntate derecho.
    o Trata de no inquietarte o distraerse con el entorno.

- Escucha.
  o Escucha atentamente.
  o Inclínate un poco hacia adelante para que los demás sepan que estás prestando atención.
  o Asiente periódicamente con la cabeza para mostrar que escuchaste y entendiste.
  o Si no estás seguro, usa una mirada inquisitiva para transmitir tu confusión.

La mayoría de las veces, cuando mantenemos la calma y escuchamos con eficacia, podemos resolver un conflicto antes de que este comience. Al hacer esto, debes de ser completamente consciente de tus propias emociones, de tus pensamientos y de tus comportamientos para poder mostrar respuestas positivas. Muestra empatía durante toda la conversación, asegúrate de que te sientes seguro, permanece tranquilo y amable incluso cuando la otra parte parezca frustrada u hostil. Tu comunicación no verbal positiva tendrá un efecto tranquilizante y alentador en los demás. Si tu lenguaje corporal continúa apuntalando en una dirección negativa, a veces lo mejor es terminar la conversación y alejarte, especialmente cuando no estás seguro de que tu integridad esté resguardada.

Aprendiendo el Método POP

POP es un acrónimo en inglés de Persona (Person), Objeto (Object) y Lugar (Place). Este método se usa principalmente en el lugar de trabajo o cuando un conflicto puede tornarse violento. A veces, resolver los conflictos no es una opción, por eso debemos aprender sobre POP para protegernos del peligro. ¿Alguna vez has sentido nervioso o ansiedad intensos? No puedes dejar de temblar, no puedes pensar y tienes ganas de correr, tienes dificultad para respirar, sientes náuseas, es casi como si olvidaras todo y lo único en lo que puedes concentrarte es en tu deseo de sobrevivir. En un estado de ansiedad o cuando las emociones son abrumadoras, tu cuerpo puede tener una respuesta de lucha o huida.

La primera parte del modelo POP requiere que tengas presentes todos los detalles de la **Persona** con la que estás en conflicto. Observa su altura, su peso, etnia, edad, sexo, tipo de cuerpo, etc. Observa los hechos objetivamente sin juzgar, el hecho de que alguien parezca exaltado y peligroso y te intimide, no significa que sea una amenaza. Del mismo modo, alguien que es pequeño e inofensivo puede ser más peligroso de lo que parece. Trata de tomar nota de los aspectos más profundos de su personalidad y comportamiento. ¿Cuál es su temperamento? ¿Cuáles son las características de su estado mental y emocional? ¿Está mostrando tendencias agresivas? ¿Cuán vulnerable es?

El **Objeto** se refiere a los elementos que hay en la habitación y a los que tú y la persona con la que estás en conflicto pueden acceder. ¿Hay armas presentes? ¿Hay objetos puntiagudos o pesados cerca de ti o del individuo que puedan usarse como arma? Si no estás seguro y no hay signos visibles de un arma presente, no asumas que no hay ninguno, por tu seguridad, es mejor creer que la persona está equipada para hacerte daño si el conflicto se vuelve físico. Ten en cuenta que cualquier cosa puede usarse como un arma, incluida una guía telefónica, una botella, un tenedor, etc.

El **Lugar** es donde te encuentras. ¿En qué ambiente estas? Esto incluye lugares como bares, sitios públicos, tu casa, la casa de un amigo, el lugar de trabajo, etc. Observa tu entorno porque este juega un papel muy importante en lo que podría suceder en caso de que el conflicto se complique. Por ejemplo, si estás en el trabajo, es menos probable que alguien haga una escena, mientras que si estás solo con esa persona, las cosas podrían ponerse violentas. ¿Estás en algún lugar con el que estés familiarizado? ¿Conoces todas las rutas de salida? Observa si es de noche o de día, si llueve o si ha salido sol, si el clima es frío o caluroso, porque esto podría afectar por qué la persona está de mal humor o enojada.

En caso de duda, confía en tu instinto. Si alguien está usando un lenguaje corporal qué te parece amenazante, encuentra la manera de salir rápidamente de ahí. La regla más importante para estar seguro es estar siempre consciente de ti mismo, de la otra persona y de lo que te rodea.

Aprendiendo el Método SAFER

El acrónimo de **SAFER** significa en inglés: dar un paso atrás (Step back), evaluar la amenaza (Assess threat), encontrar ayuda (Find ayuda), evaluar opciones (Evaluate options) y responder (Respond). Este método se puede usar en cualquier lugar, incluido los centros de trabajo, el hogar o sitios públicos. Cuando el lenguaje corporal de alguien te amenaza, estas herramientas pueden ayudarte a responder al peligro.

Dar un paso atrás: esto significa detenerse, mirar, escuchar y mantener la calma. Actuar de manera impulsiva puede aumentar el peligro y evitar que observemos hechos cruciales. Cuando actuamos irracionalmente, no pensamos con claridad y no podemos tomar decisiones prudentes con base a los hechos de la situación.

Evaluar la amenaza: a partir de la lección sobre POP, sabes cómo evaluar la situación en busca de peligro. Mira a la persona, lee su lenguaje corporal, asume que hay armas presentes y evalúa el entorno en busca de ellas.

Encontrar ayuda: busca una ruta de escape o un medio para huir, puede ser una puerta o una ventana, busca también un medio de transporte o comunicación o localizar a alguien que te pueda ayudar. Conoce quién está cerca de ti y qué tan lejos está. Si estás en tu casa, ¿está tu vecino en su hogar? ¿A qué distancia está tu teléfono? Si estás en tu trabajo, ¿dónde están se encuentra tu compañero más próximo? Si parece que no hay ayuda disponible, mantén la calma y sigue pensando y observando.

Evaluar opciones: después de haber examinado las opciones disponibles para buscar ayuda, decide cuál es tu mejor ruta de escape. ¿Puedes salir de la difícil situación a través del diálogo o necesitas contar con la ayuda de alguien más? ¿Necesitas encontrar una salida?

Responder: después de haber considerado todas tus opciones, el paso final es seguir con lo que has decidido. Tienes que estar preparado para que las cosas cambien y debes asegurarte de tener un plan B e incluso un plan C si es necesario.

Resumen del capítulo

Puede llevar tiempo, paciencia y práctica comprender por completo cómo la comunicación no verbal puede ayudarnos a remediar el conflicto. Dominar la comunicación no verbal facilitará poder leer los comportamientos de las personas antes, durante y después del conflicto. También te ayudará a controlar tu propio lenguaje corporal para asegurarte de expresar tu mensaje de forma adecuada y no contribuir a malos entendidos.

En este capítulo, aprendiste:

- Qué es la comunicación no verbal y por qué es importante.
- Cómo reconocer signos de conflicto antes de que ocurra.
- Cómo arreglar una situación antes de que se agrave.
- La medida de seguridad POP.
- Las medida de seguridad SAFER.

En el próximo capítulo, aprenderás sobre las emociones, cómo estas contribuyen al problema y cómo manejarlas durante una situación de conflicto.

CAPÍTULO CINCO:

Técnica de resolución de conflictos No. 03 - Manejo de las emociones

Cuando se trata de emociones y conflictos, el hecho es que nos involucramos tanto en la conversación que no nos damos cuenta de cómo nos estamos sintiendo en el momento. Esto sucede porque cuando estamos en un ambiente amigable y seguro, no necesitamos estar en sintonía con nuestras emociones. Nos sentimos tan cómodos que es posible que no notemos cuando el conflicto comienza a surgir. Tal vez alguno de los involucrados dijo una palabra inapropiada, hizo alguna declaración inoportuna o su lenguaje corporal no fue el adecuado, tal vez fuimos nosotros quienes lo originamos. A medida que el conflicto se desarrolla, nuestro ritmo cardíaco se incrementa, la respiración se vuelve entrecortada, nuestros pensamientos se aceleran, etc. Toda esta emoción altera nuestro estado y antes de que nos demos cuenta, decimos cosas que no queremos decir, nos comportamos de manera impulsiva y nos enojamos, nos deprimimos o nos volvemos ansiosos.

Entonces, ¿cómo evitas que tus emociones se salgan de control? ¿Cómo puedes notar las señales de que tú o los que te rodean se están dejando llevar por la emoción? Tienes que ser consciente de tu estado emocional antes y durante el conflicto. Debes comprometerte a observar tu comportamiento y el de los demás, aprendiendo estrategias de autoconciencia, para que puedas manejar tus emociones en todo momento.

Desarrollando la autoconciencia

La autoconciencia es la capacidad de reconocer y notar los propios pensamientos, sentimientos, motivos y deseos a medida que suceden. Una persona que tiene la habilidad de ser consciente de sí misma significa que se da cuenta de cuando su corazón se acelera, o de cuando cambia su lenguaje corporal o tono. Las personas autoconscientes se toman el tiempo para evaluarse en cada situación, ya que están en sintonía con ellos mismos, con su personalidad y entienden el porqué de sus comportamientos más habituales. Ser autoconsciente es conocer tus fortalezas, debilidades, creencias y todo lo que te hace ser quien eres. Sin embargo, la auto conciencia no se trata solo de ti, se trata también de ver y comprender cómo te perciben los demás y cómo saber cuándo has hecho algo que podría molestarlos. Es saber qué desencadena un conflicto y ser lo suficientemente consciente como para comprender los pensamientos y sentimientos de las otras personas. Puedes ser tú, pueden ser los demás o puede ser el ambiente lo que provoca el conflicto, por ello, desarrollar autoconciencia es crucial para poder comprender y notar las señales antes de que este suceda y poder remediar la situación. Aquí hay algunas cosas que puedes hacer en este momento para comenzar a trabajar en su autoconciencia:

Da un paso atrás y obsérvate a ti mismo

A veces estamos tan ensimismados en nuestras propias vidas que nos olvidamos de dar un paso atrás para evaluarlos periódicamente. Si te tomas el tiempo para mirarte a ti mismo objetivamente, puedes definir qué aspectos de ti no te gustan y trabajar para cambiarlos. Llegar a conocerte de esta manera es increíblemente gratificante, para hacerlo puedes realizar las siguientes acciones:

- Piensa en cosas de las que estás orgulloso.
- Identifica tus fortalezas y debilidades.
- Aprovecha tus fortalezas.
- Trabaja en tus debilidades.
- Date recompensas a menudo.
- Practica la autodisciplina.

- Piensa en lo que te hace verdaderamente feliz.
- Sé honesto contigo mismo.

Escribe un diario

Se ha comprobado que tener un diario beneficia nuestras vidas de muchas maneras. Puedes escribir sobre cualquier cosa en él, algunos ejemplos son:

- Tu vida.
- Tus miedos y preocupaciones.
- Tus objetivos y aspiraciones.
- Tus fortalezas y debilidades.
- Tus pensamientos.
- Tus sueños.
- Notas sobre otras personas.
- Tus técnicas de meditación (qué funciona, qué no).
- Tus objetivos y logros físicos.
- Un registro de tu dieta.

Las posibilidades son infinitas. Escribir en un diario se trata de escribir lo que tienes en mente para que puedas desahogarse, mirar las cosas desde una perspectiva diferente y obtener información acerca de ti mismo. A veces se usa como una herramienta para dar paso a nuevos pensamientos, después de deshacernos de los anteriores. Es una técnica de autorreflexión y se ha demostrado que mejora los estados de ánimo, motivando a la persona a descubrir lo que quiere en la vida.

Practica la auto reflexión

Al comienzo de cada día, despierta y pregúntate qué quieres del día. ¿Qué quieres lograr? ¿Cómo quieres vivir hoy? Al final de cada día, pregúntate si lograste lo que te propusiste hacer. También puedes cuestionarte sobre si hay algo que te gustaría hacer de diferente manera. Reflexiona sobre los altibajos del día y define cómo puedes mejorar mañana. Estas preguntas no tienen el propósito de juzgarte, sino de abrir tu mente para que puedas comprender tus pensamientos y comportamientos. Conocerse ayuda a la auto reflexión que conduce a saber qué quieres hacer con tu vida y hace más probable que puedas lograr tus objetivos.

Practica la atención plena

La atención plena es la práctica de ser uno con nosotros mismos en el momento presente. Deja de lado tus pensamientos, sentimientos y creencias, simplemente tienes que estar contigo mismo. Por ejemplo, cuando estés bebiendo una buena taza de té caliente, mírala como si nunca antes la hubieras visto. Estás probando el té por primera vez. Estás sosteniendo una taza caliente por primera vez. Estás notando los diferentes colores en tu taza por primera vez. La atención plena es practicar sentir y experimentar al máximo el momento en el que estás. En este momento, estás leyendo una sección sobre autoconciencia porque deseas aprender a resolver conflictos de manera rápida y eficiente. Entonces, en este mismo momento, nada más importa. No pienses en lo que está sucediendo afuera o lo que alguien más está haciendo. Todo lo que importa es este momento, el resto del mundo puede esperar. ¡Listo! Acabas de tener un breve momento de atención plena. Ser consciente no es:

- *Juzgarte a ti mismo.*
- *Cuestionarte a ti o cualquier cosa a tu alrededor.*
- *Pensar en una cosa y luego dejar que tu mente se desplace hacia otra.*

Las primeras veces que practiques la atención plena pueden ser muy desafiantes y te puedes distraer. Cuando eso suceda, regresa al momento y concéntrate nuevamente en lo que estás experimentando en ese momento.

Solicitar una opinión

Saber lo que los demás piensan de ti pero no tomarlo como algo personal puede ayudarte a identificar en qué necesitas trabajar. Puedes preguntarle a tu amigo más cercano sobre cómo te ven los demás, si no te gusta la respuesta, puedes trabajar para cambiarla. Si te gusta la respuesta, tienes que felicitarte por ser percibido exactamente como quieres ser. Usa la autoconciencia cuando quieras mejorar tu comportamiento y estés tratando de descubrir por qué se origina. Por medio de los comentarios de personas en las cuales confías, puedes aprender a identificar qué desencadena tus emociones y actos impulsivos.

La autoconciencia ocurre cuando estamos abiertos a la crítica constructiva pero no nos juzgamos a nosotros mismos ni a los demás. Está bien si te hace falta confianza en ti mismo. Usar estrategias para aprender la autoconciencia también te puede ayudar a desarrollar una autoestima.

Lidiando con la ira durante el conflicto

Una situación a menudo se convierte en un conflicto cuando alguien siente que algo es injusto y se enoja por ello. Todos tenemos diferentes personalidades, diferentes creencias y diferentes formas de hacer las cosas. No hay dos personas iguales y, aunque nunca puedes estar seguro de cómo reaccionaría alguien, la ira es una emoción común que las personas expresan durante el conflicto. Muchas relaciones terminan porque las personas no pueden manejar su temperamento, en casos extremos, esto puede conducir a la agresión y a la violencia.

Algunas personas tienen un carácter más fuerte que otras o son más propensos a arrebatos o reacciones de enojo. Este temperamento puede deberse a experiencias pasadas, conductas aprendidas o conflictos internos. Superar la ira requiere aceptar previamente que existe un problema. ¿Te enojas de la nada? ¿Una persona en concreto te hace enojar? ¿Ciertas situaciones provocan en ti emociones intensas? Descubre cuáles son las cosas que te molestan y luego trabaja para controlar tu ira antes de agravar un conflicto.

Aquí hay algunas maneras en que puedes manejar la ira u otras emociones intensas cuando te encuentra en una situación de conflicto.

Paciencia

Manejar la ira y otras emociones requiere paciencia no solo con la otra persona, sino también contigo mismo. Usar la paciencia como una herramienta de autoconciencia requiere que hagas una pausa cuando sientas una emoción intensa y la reprimas antes de que contribuya a un conflicto. La paciencia es sobre todo una cuestión de tiempo; tiempo para considerar las perspectivas, tiempo para dejar que tu ira se calme, tiempo para dejar de llorar, tiempo para respirar y tiempo para escuchar. La paciencia también funciona con los demás, cuando te tomas el tiempo de abordar una situación con calma y sin prisas, es menos probable que otros se enojen, ya que nuestra paciencia tiene un efecto de calma en quienes nos rodean.

Respiración

El uso de técnicas de respiración para manejar emociones intensas durante un conflicto requiere que trabajes para estar atento a tu cuerpo. Respira lenta y profundamente y concéntrate en el momento. La estrategia de respiración funciona para calmar casi todas las emociones intensas. Cuando te enojas, te pones histérico o tienes un ataque de pánico, vas a notar que tu respiración se entrecorta, puedes hiperventilar o contener la respiración, este es el momento de tomarte un momento para respirar. La mejor manera de exhalar tu frustración es respirando profundamente, aquí hay algunos métodos para hacerlo:

1. Si se puede ve a un sitio tranquilo donde puedas estar solo.
2. Puedes realizar este ejercicio sentado, de pie o acostado.
3. A algunas personas les resulta útil poner una mano sobre el estómago y una mano sobre el pecho para ayudarlos a concentrarse.
4. Este ejercicio se realiza más comúnmente con los ojos cerrados, pero también se puede hacer con los ojos puestos en algo que nos calme o que nos parezca bello.
5. Respira por la nariz durante 3-5 segundos, permitiendo que tu estómago y pecho se eleven.
6. Aguanta la respiración por 3 segundos.

7. Exhala lentamente por la boca mientras cuentas de 3-5 segundos.
8. Repite el patrón de respiración, concéntrate en llenar tu vientre, luego tu pecho, luego exhalando completa pero lentamente.
9. Repite el ejercicio de respiración hasta que sientas que tu cuerpo y mente se asientan y se calman. ¡Algunas personas hacen hasta 10 repeticiones varias veces al día como parte de su rutina de salud!
10. Finaliza la sesión de respiración abriendo los ojos y volviendo lentamente a tu respiración normal.
11. Levántate con cuidado y lentamente.

Algunas personas también hacen una variación en la que solo permiten que sus barrigas suban y bajen o solo su pecho. Pruébalas todas y descubre qué funciona mejor para ti.

Si estás tratando de respirar de manera discreta durante un conflicto, simplemente coloca las manos en una posición cómoda y respira profunda, tranquila y lentamente. Incluso hacerlo una o dos veces puede ser suficiente para tener un efecto calmante.

Alejarse

A veces, una disputa puede salirse de control, y es cuando se pueden decir palabras u ocurrir acciones hirientes. Antes de que eso suceda, aléjate de lo que te molesta o enoja. Si se trata de una persona, informa que no puedes continuar y que necesitas un descanso. Dile que te alejas para poder aclarar tu mente, no porque no estés dispuesto a resolver el conflicto. En algunas situaciones, esta es tu única opción, ya que al alejarte, distraes tu mente de lo que te molesta. Algunas cosas que puedes hacer son:

- Salir a trotar.
- Dar un paseo por el parque o alrededor de la cuadra.
- Trabajar en un proyecto que tienes en progreso
- Elegir un pasatiempo.
- Ver un programa, escuchar música o escuchar audiolibro.
- Leer un libro, revista o blog.

- Llamar a un amigo o familiar para ver cómo está.
- Respirar profundamente.

Esto puede parecer una técnica obvia, incluso podrías pensar que no es una técnica en absoluto. Cuando nuestras emociones aumentan, a menudo no pensamos antes de actuar o decimos cosas para incrementar aún más el conflicto. ¿Alguna vez has estado en desacuerdo cuando te interrumpen y nada de lo que dices parece estar funcionando? Ahora alzan la voz, su lenguaje corporal es negativo, las expresiones faciales son hostiles o tristes y cualquier cosa que se te ocurre en tu cabeza sale por tu boca sin poder detenerla. Debes usar la paciencia y la respiración antes de que una disputa se salga de control, pero si es necesario, informa a la parte contraria que debes alejarte y tomarte un tiempo para pensar antes de responder.

Rie un poco

Probablemente te estés preguntando si se debe usar el humor, pero te preocupa saber usarlo en el momento y lugar correctos, ¿verdad? A veces los conflictos aumentan porque nos estamos tomando las cosas demasiado en serio, o no nos tomamos el tiempo para reírnos de nosotros mismos y tratar de aclarar la situación. El humor puede ser efectivo para enfocar nuestra ira y avanzar hacia una solución. Asegúrate de que tu humor no sea un insulto para ninguna de las partes, por ejemplo, si tú y tu pareja están en medio de una gran pelea, en lugar de hacer que las cosas se compliquen aún más, podrías hacer una declaración humorística como: "Dios, si seguimos peleando de esta manera, vamos a necesitar un referí". Esto debería hacer que ambos se rían. Asegúrate de que te estás riendo con los otros, no de ellos. Con suerte, podrás aligerar la situación, mientras seas genuino y te asegures de que no existe sarcasmo o una actitud condescendiente, el humor puede llevarte a un mejor lugar.

Diálogo interno positivo

A menudo escuchamos demasiado tiempo a nuestro crítico interno y a las opiniones de los demás, lo que nos hace cuestionar nuestra identidad y puntos de vista. Si en una conversación, alguien te ha insultado o insiste en decir que estás equivocado, en lugar de reaccionar negativamente e incrementar el conflicto, utiliza tu diálogo interno para controlar tus emociones. Puedes decirte a ti mismo cosas como:

- Creo en mí.
- Respira (di tu nombre) está bien, esto no va a durar para siempre.
- Estoy bien, soy completamente capaz de actuar apropiadamente.
- Están locos y no quieren decir lo que dicen.
- Tengo confianza en mi punto de vista.
- No dejaré que sus palabras me hagan daño o afecten mi autoestima.
- No voy a reaccionar con ira.

El diálogo interno positivo te ayuda a estar tranquilo, en calma y creer en tu punto de vista. No aceptes todo lo negativo que se dirige hacia ti.

Perdón

El perdón puede ser difícil, puesto que requiere que te deshagas de tu ira y ya no albergues resentimientos. Quizás estás molesto con una persona o puede que contigo mismo, tal vez alguien te hizo daño a ti o a quien amas, posiblemente no estás de acuerdo con algo que se realizó sin pedir tu permiso u opinión, sea lo que sea, tienes que aprender a perdonar. Algunas cosas son más fáciles de perdonar que otras, el perdón no siempre se trata de perdonar al otro, sino de perdonarte a ti mismo por haber contribuido a los conflictos de tu vida o por algo malo que hiciste. Aferrarse a la ira, a la frustración o el odio significa que tienes menos espacio en tu mente y corazón para las cosas felices y alegres de la vida.

Se más complaciente y menos orgulloso

A menudo el orgullo nubla nuestra visión. Está en nuestra naturaleza sentirnos superiores a los demás o competir contra ellos para ganar una discusión. Si tu orgullo no te permite dar marcha atrás y entender las necesidades de los demás, es muy probable que vayas a tener una gran cantidad de conflictos en tu vida. Es posible que te hayan enseñado a tratar a los demás como ellos te han tratado a ti. Pero, ¿por qué debes de conformarte con esas creencias y tratar de lastimar a alguien más? El hecho de que alguien te insulte o no esté de acuerdo contigo no significa que tengas que enojarte o tomar represalias. Cuando has estado en desacuerdo con alguien, ¿te has lamentado por algo que dijiste o hiciste? Si respondiste que sí, es porque tu orgullo se interpuso en ese momento. Deja ir tu ego y mantente complaciente mientras practicas la asertividad y controlas tus límites.

Estas técnicas se presentan para brindarte opciones cuando te encuentres en una situación difícil. Ninguna estrategia o método funciona para todas las personas, por ello puedes probar diferentes tácticas, examinar los resultados y decidir qué herramientas te funcionan mejor en diversas situaciones. Solo tú sabes qué es lo mejor para ti, así que intenta algo por un tiempo y si no funciona intenta otra cosa. Es posible que tengas que usar una combinación de estrategias para manejar la intensidad de tus emociones en un conflicto.

Resumen del capítulo

Quizás la lección más importante que hayas aprendido durante este capítulo es que al manejar nuestras emociones tenemos una mejor oportunidad de resolver un conflicto. Manejar nuestras emociones desarrolla nuestra autoconciencia y nos ayuda a lidiar con nuestros sentimientos, de tal manera que podemos resolver un conflicto antes de que se salga de control.

En este capítulo, aprendiste:

- Cómo desarrollar la autoconciencia.
- Técnicas para manejar las emociones.
- Cómo controlar la ira durante un conflicto.

En el próximo capítulo, aprenderás cómo usar la persuasión y la negociación para cambiar la mente de quienes te rodean.

CAPÍTULO SEIS:

Técnica de resolución de conflictos 04 - Cambiar la opinión de las personas a través de la persuasión y la negociación

La técnica número cuatro para poder arreglar conflictos es acerca de cómo cambiar la mente de las personas, incluido la tuya, a través de la perspectiva, la persuasión y la negociación. A menudo tratamos de resolver una disputa de la misma manera en que resolvimos un conflicto anterior. Sin embargo, la situación actual puede ser diferente de nuestra experiencia previa. La mayoría de las personas no se dan cuenta de que existen muchas maneras de poder resolver los problemas.

Es importante entender nuestro punto de vista y el de los demás para lograr una empatía con la forma en cómo se ve el conflicto. Una vez que comprendas lo que está sucediendo, puedes persuadir a los otros para que vean la situación desde tu posición. Como aprendiste en los capítulos anteriores, reaccionar de manera emocional o ser agresivo con tus palabras o lenguaje corporal, limitar las opciones que tienes para resolver el conflicto. Comprender la perspectiva de otra persona te dice cómo piensa y por qué responde de la manera en que lo hace. Durante un conflicto, muchos no consideran los criterios de los demás porque son muy orgullosos o quieren ganar la discusión, en lugar de resolver el conflicto en beneficio mutuo de los involucrados. Si el objetivo es llegar a un acuerdo o compromiso, entonces se pueden hacer sacrificios para encontrar un punto de encuentro y una solución. Si respondes a un conflicto de manera competitiva u orgullosa porque quieres "ganar" la discusión, la consecuencia puede ser que pierdas tu trabajo, a tu amigo o a tu cónyuge.

Adoptar el punto de vista de otra persona con el propósito de comprender su posición, puede aumentar tus posibilidades de persuadir a los demás y negociar un arreglo. Los beneficios de comprender y adoptar la perspectiva de los demás son:

- Obtener más información sobre la situación.
- Aprender más sobre ti y sobre la otra persona.
- Te permite elegir estrategias eficaces tanto verbales como no verbales.
- Incrementa tu habilidad de escucha.
- Aumenta tus posibilidades de entablar relaciones saludables.
- Te ayuda a definir quién eres.
- Crea empatía.

De acuerdo con Michael Carroll, un experto en Programación Neurolingüística (PNL), por medio de una Triple Posición, que es una combinación de tres maneras diferentes de ver las cosas, se puede participar plenamente en la situación y tener una mejor comprensión del panorama. La primera posición es mirarte a ti mismo, lo que aprendiste en el capítulo anterior sobre la autoconciencia. La segunda posición es ver las cosas desde el otro lado, usando la empatía y la inteligencia emocional para aumentar tus posibilidades de arreglar el problema. La tercera posición es mirar la situación desde una perspectiva neutral. Por último, cuando alcanzas la triple posición, puedes mirar la situación desde cada arista, puesto que tienes una imagen global del panorama.

Primera posición: Yo

La primera posición es tu perspectiva y opinión personal sobre lo que sucede en cualquier tipo de evento o situación. Esto significa que solo estás mirando las cosas desde tu propio punto de vista y el de nadie más. La perspectiva en primera persona puede ser tanto negativa como positiva, ya que a menudo la primera posición es adoptada por personas que son competitivas, de mente cerrada y egoísta. Puedes usar la primera posición para estar en sintonía contigo mismo o puedes únicamente considerar tu propia perspectiva de modo egoísta. Es algo positivo que puedas sentir tus emociones y puedas perseguir lo que quieres con un objetivo claro en tu mente.

Segunda posición: los otros

Un ejemplo de alguien que usa la segunda posición es un terapeuta, una persona dedicada a las ventas, un mediador o un juez. Estas personas deben comprender claramente la perspectiva de los demás para poder hacer su trabajo. Este tipo de personas tienen habilidades significativas de negociación y pueden entender la forma de pensar de otra persona. La segunda posición es muy similar a explicar o ver algo desde el punto de vista de una segunda persona en una historia. Por ejemplo, en la narración de cuentos, el escritor usa declaraciones de "tú / él / ella / ellos / ellas" y cuenta la historia de una manera que habla directamente a la audiencia. El punto de vista de la segunda persona es una forma de abordar la perspectiva y experiencia de vida de otro individuo. Adoptar la segunda posición para hacer frente a los conflictos requiere que seas una persona con empatía y comprensión cuando se trata de los pensamientos y sentimientos de los demás.

Tercera posición: observar

Contar una historia desde el punto de vista de la tercera persona explica cada aspecto de la historia. Esto también se llama estilo narrativo, porque no estás escribiendo desde la perspectiva de uno de los personajes, en cambio, estás describiendo la imagen completa. Es la explicación de lo que le está sucediendo a cada personaje en una historia. La tercera posición es la última posición en la experiencia de Triple Posición donde tú, como individuo, puedes dar un paso atrás y ver la escena en su conjunto. Piensa en ello como si hubieras dado un paso fuera de ti, ya no solo estás mirando tus propias emociones o sintiendo empatía por la perspectiva o los pensamientos de otra persona. En cambio, has dado un paso completo fuera de la situación y ahora la estás viendo como un extraño: como la tercera persona. Esta posición es útil cuando deseas reflexionar sobre el comportamiento de todos los involucrados o cuando deseas evaluar una situación de manera objetiva, sin prejuicios y sin emociones.

La combinación: Triple Posición

Combinar con éxito todas estas posiciones usándolas para enfrentar de manera efectiva un conflicto, es lo que se conoce como Triple Posición. Por lo general surge una disputa si cada parte en el conflicto está atrapada en su primera posición. En última instancia, no es nuestra culpa si vemos las cosas únicamente desde nuestra posición, de hecho tiene mucho sentido, porque todos somos únicos e individualistas y a menudo nos centramos en nuestras propias necesidades. Cuando trabajas activamente en tus habilidades de empatía, estás practicando la segunda posición. Mientras observas la situación desde un panorama completo, estás dominando la tercera posición. Ahora puedes pasar a la posición triple utilizando todas las posiciones al mismo tiempo, lo que en última instancia es lo más útil para poder resolver un conflicto. Estas habilidades se pueden usar antes, durante y después de una disputa.

La perspectiva se trata de usar tu autoconciencia, tus habilidades sociales, de liderazgo y de observación, para comprender completamente una situación y ser capaz de redefinirla. El uso de la herramienta de Triple Posición promueve el éxito en la solución de conflictos. Al leer el resto de este capítulo, ten en cuenta el poder del método de la Triple Posición.

¿Qué es la persuasión? ¿Qué es la negociación?

Remediar conflictos requiere que aprendamos a cambiar las mentes de los demás mediante la persuasión y la negociación. Por mucho que puedan parecer similares, tienen diferencias que las hacen distintas.

Básicamente la diferencia fundamental entre la persuasión y la negociación es que la persuasión es el arte de informar a alguien para que cambie de opinión y se ponga de tu lado, mientras que la negociación es entablar un diálogo o hacer concesiones comerciales hasta que ambas partes acuerden cuál será su decisión final. Es fundamental tanto para la persuasión como para la negociación el comprender cuál es el interés principal de todos los involucrados.

Persuasión

La persuasión es la capacidad de lograr que alguien haga algo por medio de preguntas, demostrando tu punto de vista o conversando, todo con la intención de que la persona adopte una forma diferente de pensar. La persuasión es una forma de comunicación que puede incluir el informar, convencer, entretener y narrar. Es bien sabido que la persuasión puede ser una táctica de manipulación, pero si se usa correctamente con el motivo correcto, las técnicas persuasivas no tienen que tener una intención de dudosa ética. Para ser persuasivo, primero debes de explicar tu situación, tus razones y luego manifestar todos los beneficios de tu punto de vista. Las tácticas persuasivas incluyen:

- Debatir.
- Informar.
- Convencer.
- Influir.
- Encontrar puntos en común.

Negociar

La negociación significa llegar a un acuerdo entre todas las partes. Es conocida como una estrategia para resolver conflictos. El resultado de una negociación generalmente es que ninguna de las partes obtiene exactamente lo que pide, pero ambas obtendrán aspectos de lo que desean. Esto se logra acordando mutuamente qué concesiones son posibles para cualquiera de las partes. Durante una negociación, la equidad, el entendimiento y beneficio mutuo, el mantener la confianza y la cercanía entre las partes son factores esenciales. La negociación utiliza herramientas como:

Pregunta: haz preguntas para comprender los hechos, la perspectiva y las necesidades de los demás.

Explora: descubre las necesidades de todas las partes y explica que está sucediendo. Usa las respuestas de las preguntas para iniciar la conversación.

Motivar: comprender qué motiva a las partes a discutir o a insistir en mantener su posición. ¿Están motivados por la moral, por las finanzas o por otros problemas en específico?

Establece prioridades: ¿cuáles son las cosas que más desea cada parte y a qué están dispuestos a renunciar para resolver el conflicto?

¿Cómo eliges?

Al decidir qué táctica o técnica vas a utilizar cuando intentas cambiar la mentalidad o la perspectiva de alguien, debes decidir si tu objetivo principal es un resultado que beneficie a todos los involucrados en el conflicto. La mayoría de las personas optarán por la persuasión sobre la negociación, porque su propósito principal es convencer a alguien de adaptarse a su punto de vista. Puede que realmente no entiendan o incluso no se preocupen por las necesidades de la otra persona. Otros van a elegir la negociación cuando su objetivo sea encontrar un terreno común. La mayoría de las personas recurren a tácticas de persuasión porque toman la perspectiva de la primera posición, lo cual hace difícil llevar a cabo una negociación, pues solo se consideran las necesidades individuales. La negociación solo puede ser posible cuando usamos la segunda posición. Sin embargo, no es una regla el tener que usar uno u otro método. Cuando se combina la persuasión con la negociación se puede encontrar que el resultado final es mucho mejor, que si se hubiera optado por un enfoque en particular.

Cómo resolver conflictos a través de la persuasión y la negociación

Esta sección del capítulo te ayudará a identificar estrategias de persuasión y estrategias de negociación para que puedas usar ambas al momento de resolver conflictos. Cuando te concentras en ser persuasivo, debes tener en cuenta tus emociones y utilizar tu inteligencia emocional para poder obtener información sobre cómo influir en la audiencia. Cuando te concentras en la negociación, debes tener en cuenta la empatía y leer el lenguaje corporal de los demás antes de proponer un acuerdo.

Uso de técnicas de persuasión positiva para resolver conflictos

Acercarse al conflicto con una actitud positiva aumenta las posibilidades de un arreglo pacífico. Existen muchas técnicas de persuasión positiva que puedes usar. Vamos a discutir cinco de ellas a continuación: refuerzo positivo, respeto, aprovechar la oportunidad, reconocimiento y éxito.

1. Refuerzo positivo

La estrategia de refuerzo positivo se utiliza durante el desarrollo infantil. Es cuando ignoras los comportamientos malos o desafiantes y te enfocas en los comportamientos positivos. En lugar de prestar atención a los berrinches y a la agresividad, puedes enfocarte en todo lo bueno que el niño hace. Por ejemplo, si un niño pinta un cuadro o cuenta hasta diez, puedes aplaudir y decir "Wow, es un excelente trabajo". Si tiene un estallido de ira, en lugar de gritar, puedes ignorarlo.

El refuerzo positivo como táctica persuasiva requiere que elogies las acciones de la otra persona, para alentarlos a actuar de una manera que sea favorable para ti. Si prevés un conflicto puedes agradecer por la consideración previa que te han brindado. Por ejemplo, si estás tratando de persuadir a un amigo para que te ayude con tu camioneta, puedes comenzar agradeciéndole nuevamente por la última vez que te ayudo.

2. Respeto

Esta estrategia implica mostrar una estima genuina hacia los actos o logros de la otra persona. Puede recordar sus mejores cualidades para ayudarlos a imaginarse a sí mismos haciendo nuevamente algo generoso o útil. Cuando quieras demostrar que respetas y crees en alguien tienes que presentar pruebas explicando el por qué. Después demuestra porque son ellos los únicos que pueden ayudarte, esto hará que consideren brindarte su apoyo.

3. Aprovechar la oportunidad

Busca oportunidades para obtener lo que necesitas o deseas después de comprender los hábitos y preferencias de otra persona. Por ejemplo, si necesitas pedir dinero prestado y sabes que a un generoso colega de trabajo le gusta ir a tomar un café, debes hacer los arreglos necesarios para encontrarte con él en el lugar, tomarte un café y luego convencerlo de que te preste dinero.

4. Reconocimiento

Al igual que en las dos estrategias anteriores, reconocer los logros de las personas te puede ayudar a obtener lo que quieres. En el escenario de un conflicto, como una discusión con un compañero de trabajo que se involucra demasiado en tus asuntos personales, es posible que debas crear un ambiente agradable para sentirte cómodo hablando con él sobre el tema. Puedes decirle cuánto contribuyeron recientemente sus habilidades al éxito de un proyecto. Entonces, puedes decirle que realmente disfrutas trabajar con él, pero que eres muy reservado acerca de tu vida personal, por lo que prefieres hablar únicamente sobre el trabajo.

5. Éxito

Si te encuentras con alguien que tiene una naturaleza competitiva, entonces puedes usar esta técnica para remediar los conflictos que se presenten. Para la mayoría de las personas que son competitivas, su principal objetivo en la vida es el éxito. Así que puedes explicarles las formas en que tú tienes éxito y que asociarse contigo es una manera de lograr el triunfo. Esto te ayudará a persuadir a esta persona de que sería mejor ser tu amigo que permanecer en conflicto contigo.

Estas estrategias pueden parecer manipuladoras, pero considera cuáles son tus intenciones. Si tu motivo es obtener un beneficio para ambos, estas estrategias tendrán un resultado positivo. Por otro lado, si tus intenciones son egoístas, vas a parecer ingenuo y probablemente tendrás poco éxito en tu intento de resolver el conflicto. Siempre piensa en las necesidades de la otra persona antes de comenzar a usar tácticas de persuasión y negociación.

Uso de técnicas de negociación para resolver conflictos

Las técnicas de negociación son más fáciles que las técnicas de persuasión porque es más sencillo comprometerse con alguien, a hacer que esa persona se ponga de tu lado. El arte de encontrar un punto intermedio, involucrarte y obtener beneficios mutuos es el corazón de la negociación. Puedes recurrir a la persuasión antes de recurrir a la negociación o puedes ir directamente a ella. Sin embargo, si te abocas de inmediato podrías parecer demasiado agresivo o interesado. Por otro lado, cuando explicas cómo ves el conflicto y preguntas si se puede discutir un arreglo en forma de compromiso, es más probable que tengas éxito en tu negociación. Tres tácticas efectivas de negociación son:

1. Toma en cuenta los intereses y los valores de los involucrados

Para utilizar esta táctica tienes que separar tus creencias de las creencias de los demás. Identifica cuáles son los valores de la persona o del grupo para que puedas resolver los problemas que se presenten. La parte contraria confiará más en ti si primero le haces saber que estabas escuchando su punto de vista y tomando en cuenta sus valores. Deja en claro que estar en conflicto no significa menospreciar sus intereses, sino en dejar a un lado todo lo demás para concentrarse exclusivamente en el problema en cuestión.

2. Desarrolla una estrategia de comunicación verbal y no verbal antes de tener un acercamiento con la otra parte

Practicar lo que quieres decir y cómo quieres presentarte antes de relacionarte con la otra parte contribuye sustancialmente a resolver un conflicto. Esto te ayudará a transmitir tu mensaje con confianza y te hará más tolerante a las reacciones que la otra persona pueda tener. No tienes que memorizar cada palabra y postura que vas a usar. Solo es necesario que hagas una lista de tus puntos principales y practiques diferentes formas de decirlos, tomándote el tiempo para saber cómo suena cada sonido y cómo podría ser interpretado por la otra persona. Mientras practicas, prueba también diferentes formas de pararte o sentarte mientras dices la información. Asegúrate de que tu postura y tus gestos con las manos sean tranquilos y no resulten amenazantes.

3. Considera las cosas en común que tienes con la persona y comparte esa información

Negociar es entablar un diálogo. Se trata de hablar sobre lo que interesa a ambas partes en el conflicto. Ambas partes deben obtener algo de lo que quieren y entregar algo de lo que tienen a la otra persona. Por ejemplo, si tú y tu hermano compraron accidentalmente el mismo atuendo, es porque a ambos les gusta la prenda, pero pueden tener un conflicto si tu hermano quiere que tú lo devuelvas a la tienda. Él argumenta que no quiere que lo vean usando la misma ropa que tú. Puedes comenzar a resolver este conflicto diciéndole a tu hermano que ambos tienen buen gusto. Luego, puedes proponer que nunca lo vas a usar en los días en los que se van a ver y que, en ocasiones especiales donde ambos estén presentes, ambos tendrán que elegir un atuendo diferente. Al hacer esto, los dos pueden quedarse con el atuendo sin el temor de usarlo al mismo tiempo.

Durante un conflicto o discusión, existen diferencias en la personalidad, en los valores y en las opiniones de los involucrados que pueden afectar el resultado. Los límites podrían haberse cruzado debido a algo que se dijo. Cuando platiques estas inquietudes con la otra parte, tendrás una idea de qué tan diferentes son sus opiniones, lo que te va a permitir negociar una forma de llegar a un acuerdo. Por ejemplo, tú y tu jefe piensan que la gestión debe de manejarse de diferentes maneras. Tú crees que debería haber más apoyo hacia los empleados, pero tu jefe cree que debería haber más apoyo hacia los clientes. El conflicto es que existen entre los dos diferentes opiniones sobre lo que debería de tener prioridad: los empleados o los clientes. Para arreglar este problema se tendría que identificar por qué piensan de manera diferente y obtener la información sobre ambos aspectos. Tal vez puedas negociar algunas mejoras que tengan un impacto en ambos sectores. Una negociación exitosa se trata de trabajar juntos para resolver una disputa, de tal manera que ambas personas ganen y el conflicto termine. A veces necesitas entender realmente las diferencias para poder encontrar cosas en común.

Resumen del capítulo

Cambiar tu mente y la de los demás consiste en ver el panorama completo, elaborar un plan de acción y resolver los conflictos utilizando estrategias de persuasión y negociación. Este capítulo fue escrito para ayudarte a obtener una perspectiva sobre el enfoque de la Triple Posición y para asistirte sobre cómo utilizar la negociación y la persuasión como una técnica de resolución de conflictos. Recapitulemos lo que hemos aprendido en este capítulo:

- La Triple Posición.
- Qué es la persuasión.
- Qué es la negociación.
- Cómo persuadir.
- Cómo negociar.
- Cómo resolver conflictos combinando persuasión y negociación.

En el próximo capítulo, aprenderás cómo desarrollar tus habilidades de inteligencia emocional. Esto te ayudará a tener éxito y a resolver conflictos como un gran líder.

CAPÍTULO SIETE:

Técnica de resolución de conflictos No. 05 - Desarrollo de la inteligencia emocional para solucionar conflictos por medio del liderazgo

Muchos grandes líderes alcanzan el éxito porque son excelentes en gestionar y resolver conflictos. ¿Cómo logran esto? Han desarrollado sus habilidades de inteligencia emocional y social lo cual les permite remediar cualquier problema que surja. Ahora tú puedes aprender a resolver conflictos como lo hace un gran líder. ¿Qué convierte a una persona en un gran y exitoso líder?¿Cómo contribuyó la inteligencia emocional a su éxito? Estas son algunas de las características de los grandes líderes:

- Los líderes trabajan en las necesidades del grupo y por lo general anteponen a los demás a sí mismos.
- Son asertivos, pero no agresivos.
- Son grandes conversadores y oradores.
- Aprenden acerca de las personas que los rodean.
- Son honestos pero discretos.
- Saben cómo influir en las personas que los rodean.

No tienes que ser un gran líder para poder ser emocionalmente inteligente, cualquiera puede aprender y usar esta habilidad. ¿Qué es exactamente la inteligencia emocional? Es la capacidad de controlar y regular tus emociones mientras comprendes por medio de la empatía las emociones de otra persona. Cualquiera puede aprender las habilidades necesarias para ser una persona emocionalmente inteligente. Sin embargo, no todos pueden usar estas habilidades cuando sus emociones se encuentran al límite. Los grandes líderes cuentan con esa capacidad porque entrenaron sus mentes para ser emocionalmente estables incluso durante los conflictos. Esto les permite liderar grandes multitudes y grupos de personas con confianza y equilibrio. Una de las principales habilidades requeridas para la inteligencia emocional es ser capaz de auto motivarte. A veces eso significa que no estás motivado por la riqueza o por el poder que hay en juego, sino por tu crecimiento personal. También puede significar que puedes lograr cosas sin necesidad de que los demás te presionen. Vamos a analizar cuatro habilidades principales que tienen que ver con la inteligencia emocional. Si eres capaz de usarlas juntas de manera efectiva, puedes tener la confianza de que tienes un alto grado de inteligencia emocional. Las cuatro habilidades son:

1. Automotivación.
2. Autorregulación.
3. Autoconciencia.
4. Empatía.

Algunas personas han desarrollado estas habilidades en mayor grado que otras. Otros pueden tener solo algunas de estas habilidades, hay quien no tiene ninguna. Sin embargo, si no cuentas en este momento con todas estas habilidades, o todavía estás trabajando en ellas , este capítulo te va a ayudar a lograrlo. Cada líder es diferente a su manera, pero lo que todos tienen en común es que todos conocen que el manejo de conflictos requiere del trabajo en equipo, de la autorreflexión, la negociación y el respeto. Los líderes más efectivos tienen un alto grado de inteligencia emocional. Al aprender las diferentes habilidades que conducen a la inteligencia emocional, vas a aprender habilidades de liderazgo que te brindarán la capacidad de ser capaz de arreglar los conflictos que se te presenten. Como aprendimos sobre la autoconciencia en el capítulo cinco, ahora nos enfocaremos en la automotivación, la autorregulación y la empatía.

Cómo automotivarte

La automotivación es la capacidad de tomar la iniciativa y esforzarte por conseguir algo, sin que nadie más te lo pida o te presione para ello. Es también la capacidad de perseguir aquello que queremos, de cumplir un propósito, siendo motivados únicamente por el sueño de tener éxito. Algunas personas pueden interpretar esto como estar animadas por ganar dinero o lograr ser famosos, pero de eso no es de lo que se trata realmente la automotivación. Una persona con una verdadera inteligencia emocional se motiva a sí misma sin pensar en el dinero, en el poder, en los elogios o en el reconocimiento que va a obtener, porque no necesita de esas cosas para alimentar su deseo de perseguir lo que quiere. Usar la automotivación para hacer frente a los conflictos significa no tener miedo de mencionar los temas difíciles. Es ser productivo en lugar de procrastinar. Es impulsarnos a nosotros mismos a ser ambiciosos y perseverar para encontrar una solución. Aquí hay algunas formas de ayudarte a desarrollar tu inteligencia emocional:

Rodéate de personas y entornos positivos

Todos saben que ser negativo solo atrae cosas negativas a tu vida. Cuando te rodeas de personas positivas o personas con ideas afines, animadas por aquello que hacen, tu automotivación aumentará significativamente, tu perspectiva acerca de la vida será más positiva y con más esperanza hacia el futuro. La mayor diferencia entre un individuo pesimista y un individuo optimista es que una persona positiva no solo va a señalar los problemas, sino que encontrará soluciones. Mientras que una persona negativa se va a enfocar únicamente en los malos aspectos, presentando excusas para no resolver el conflicto. Una persona optimista ve lo bueno en cada situación mala, mientras que una persona pesimista siempre ve lo negativo.

No pienses mucho

La mayoría de las personas que piensan en exceso son gente que escuchan demasiado tiempo a su crítico interno o son perfeccionistas. Es lógico que si estás trabajando en algo tengas que pensar en ello, si tus expectativas son demasiado altas, querrás analizar cada detalle. No todo tiene que ser perfecto. Pide la opinión de las personas, pero no te obsesiones con lo que te digan. Es un hecho comprobado que los perfeccionistas a menudo fracasan porque se esfuerzan demasiado por la excelencia, en lugar de simplemente hacer algo con un nivel de calidad aceptable. Por ejemplo, un proyecto puede ser perfecto, pero tomó demasiado tiempo y dinero lograrlo.

Reconoce tu éxito

A lo largo de nuestras vidas logramos grandes cosas, pero rara vez nos felicitamos por ello o nos recompensamos, debido a la falta de reconocimiento que los demás nos otorgan. Sin embargo, una persona que está automotivada reconoce estos logros y se recompensa a sí mismo una vez que completa una tarea en la que ha estado trabajando. Con el tiempo, estas recompensas y éxitos se acumulan, así que puedes agregarlos a tu historial. Un año después, puedes mirar hacia atrás para ver lo que has logrado, lo cual te mantendrá motivado para seguir adelante.

Se útil

La ciencia dice que lo más poderoso que puedes hacer para levantarte el ánimo es ayudar a los demás. Independientemente de si son más ricos o más pobres que tú, cuando ayudas a alguien, esto envía hormonas de felicidad a tu cerebro, lo que te motiva más. Por ejemplo, si alguien viene a ti y está triste o necesita desahogarse, naturalmente querrás animarlo. Al animarlos con un discurso motivador y positivo, también te hará a ti sentirte mejor. Esta energía positiva da como resultado una mayor automotivación para continuar el camino hacia el éxito.

Para adquirir una inteligencia emocional, debes estar motivado y esforzarte por lograr resultados positivos. Necesitas de la automotivación para mantenerte encaminado y desarrollar hábitos saludables, de modo que practicar las herramientas de inteligencia emocional, como la autorregulación y la empatía, te resulte cada vez más sencillo.

Cómo el autocontrol disminuye el conflicto y cómo desarrollarlo

El autocontrol es la capacidad de procesar tus emociones y mantenerte en calma en situaciones de conflicto. Primero se requiere de autoconciencia, la cual te permite darte cuenta cuando estás enojado o decepcionado. El autocontrol te brinda la oportunidad de tranquilizarte antes de provocar un mayor conflicto. Desarrollar tus habilidades de autocontrol aumenta tu inteligencia emocional y te ayuda a tomar decisiones racionales, lo cual es esencial en el manejo de conflictos.

En el capítulo cinco, aprendiste sobre la autoconciencia y sobre qué es lo que altera tus emociones. Con el autocontrol, una vez que sepas qué es lo que te inquieta o te perturba, puedes manejar de manera más efectiva tus sentimientos y su repercusión dentro del conflicto. Cuando aprendes autocontrol puedes:

- Retrasar tus respuestas emocionales.
- Desarrollar formas eficientes de calmarte.
- Reflexionar sobre tus pensamientos.
- Comprender las emociones de los demás.
- Recuperar la compostura.

Algunas estrategias de autocontrol son:

Apertura al cambio

Las personas de mente estrecha están tan perdidas en su propio mundo que no están dispuestas a ver la importancia de las opiniones de otra persona. Cuando eres de mente abierta, puedes manejar mucho más fácilmente los cambios y las variaciones en tu vida, que si eres alguien de mente cerrada. Por ejemplo, alguien que tiene autocontrol está abierto a la espontaneidad y si es necesario puede adaptarse al cambio. Por ejemplo, si te degradan en tu trabajo, la emoción del momento puede llevarte a confrontar a tu jefe. Esta falta de autocontrol podría agravar aún más la situación, lo que podría ocasionar que pierdas por completo tu trabajo.

Practica la autodisciplina

La autodisciplina es cuando puedes evitar las tentaciones y realizar un trabajo o una tarea por tu cuenta, sin que nadie más te presione para completarla. Es poder definir tus debilidades sin verlas como una barrera u obstáculo para tu éxito, sino buscando la manera de mejorar. Persistir y saber dominar nuestras emociones son los cimientos del autocontrol y de la conquista de nuestras debilidades internas. Las personas auto disciplinadas tienen una mayor inteligencia emocional y están más enfocadas en cómo pueden lograr lo que necesitan en la vida. Esto promueve las posibilidades de poder resolver los conflictos, porque la autodisciplina ayuda a mantener la atención en lo que realmente importa.

Responde a tu crítico interno

Parte del autocontrol es poder responder a tu crítico interno y revisar tus pensamientos negativos. Por ejemplo, si alguien dice que no eres creativo o que tienes pocas habilidades de comunicación, puedes comenzar a creer lo que dicen de ti. Sin embargo, si practicas el responder a estos pensamientos, puedes regular cómo te sientes contigo mismo y con los demás. Eventualmente, las cosas negativas que la gente dice y las cosas negativas que te dices a ti mismo ya no te van a molestar, porque podrás contrarrestar estos pensamientos mediante argumentos positivos. Puedes practicar esto repitiendo mantras positivos cada mañana y visualizando el éxito.

Respira bajo presión

El autocontrol requiere poder mantener la calma en un entorno de alta presión. Por ejemplo, si trabajas en un ambiente en el que estás sometido a mucho estrés, sentirás presión por hacer las cosas lo mejor y más rápido que puedas. El autocontrol se trata de administrar tus habilidades de autoconciencia, para que pueda mantener la compostura frente a otras personas. La respiración efectiva nos permite abordar cada situación con calma y compostura. Hablamos sobre la respiración en capítulos anteriores y aprendimos que la respiración profunda y regular tiene un efecto calmante y nos ayuda a concentrarnos. Cada vez que te sientas presionado utiliza técnicas de respiración y otros métodos de relajación, como la meditación.

Descubre el mejor resultado

Has desarrollado la habilidad del autocontrol de tus emociones y comportamiento, cuando puedes pensar racionalmente acerca de cuál será el resultado de tus acciones en el momento del conflicto. Dado que el autocontrol depende de conocerte a ti mismo, qué es aquello que te provoca y lo que te molesta, solo tú puedes elegir el enfoque adecuado para solucionar un conflicto. Piensa antes de actuar y considera las consecuencias de tus acciones. El autocontrol requiere asumir la responsabilidad que tienes en el problema y encontrar formas de resolverlo de manera eficiente. Lo cual requiere que tengas conciencia sobre cuál es el resultado más óptimo para la situación.

Sobre cómo la empatía puede resolver los conflictos

La empatía es la base de la inteligencia emocional, que se trata de comprender tus propias emociones mientras puedes reconocer los sentimientos de los demás. La empatía es la capacidad de ponerse en el lugar de otras personas y ver su lado de las cosas. Las personas altamente empáticas sienten el dolor de los demás a su alrededor. Por ejemplo, si tu amigo está triste, es posible que tú también te sientas de esa manera. Si un miembro de tu familia está enojado, puedes sentir que parte de su enojo "se te contagia". ¿Qué tiene que ver la empatía con hacerle frente a los conflictos?

Mientras que algunas personas son conscientes de las emociones de los demás, algunas personas no pueden sentir empatía. Remediar los conflictos requiere que veas el punto de vista de alguien más para ayudar a resolver el problema de manera efectiva. Entonces, ¿cómo aprendemos a tener más empatía?

Trasciende tus límites

Hacer cosas incómodas o desconocidas ayuda a nuestra evolución personal, a poder adaptarnos al cambio y a manejar cualquier conflicto que se nos presente. El aprender algo nuevo, como tocar un instrumento musical, pintar o hacer algo difícil, como ejercicio o conocer gente nueva, te convertirá en alguien más relajado, humilde y hábil. La humildad es un factor crítico en el desarrollo de la empatía. Trasciende tus límites para que puedas crecer como persona.

Solicitar una crítica constructiva

Parte de aprender a tener empatía es comprender cómo los demás te ven a ti y a tus debilidades, para que puedas trabajar en ellas en beneficio de los demás. Consulta con tus amigos más cercanos, o personas que conocen tu verdadero yo, y pregúntales cómo respondes ante los conflictos o ante los problemas de una relación. Si alguien te dice que eres excelente para ayudar pero malo para escuchar, entonces sabes que necesitas trabajar en tus habilidades de escucha.

Muestra interés por los demás

Lo opuesto a la empatía es preocuparse exclusivamente por tu propio beneficio, lo que demuestra que eres egoísta o egocéntrico. Para romper este hábito de siempre querer hablar sobre ti o hacer cosas que solo te ayudan, haz un esfuerzo consciente por mostrar interés hacia las personas que te importan. En lugar de llamar a alguien para pedir su ayuda, llame a alguien para ver si ellos podrían necesitar tu apoyo. En lugar de invitar a alguien a salir para pedirle un favor, llama y ve si puedes ir a tomar un café o almorzar con tu amigo, para ponerte al corriente de su vida.

Ve el punto de vista de otra persona

Aunque ver la perspectiva de alguien más puede ser un desafío para algunas personas, tomar una decisión consciente de escuchar realmente las opiniones ajenas aumenta tus habilidades de empatía. Al entablar una conversación, escucha con atención lo que la otra persona te está diciendo, piensa cómo te sentirías, qué pensarías y qué harías si estuvieras en su situación.

Mantén tu juicio a raya

Di no a los prejuicios. El que tú no hicieras algo que otra persona te está diciendo que hizo, no significa que tú seas más inteligente que ella. Cada quien tiene sus propias razones de por qué hace lo que hace. El juicio es lo opuesto a la empatía y debe dejarse en la puerta cuando se intenta remediar un conflicto.

Elabora preguntas desde la empatía

Al entablar una conversación demuestra que deseas conocer más y que estás entusiasmado por escuchar las distintas opiniones, esto lo puedes lograr haciendo preguntas relacionadas con el tema. Por ejemplo, si no sabes nada sobre el entrenamiento de un perro, pero alguien más está hablando sobre su carrera y sobre lo difícil que fue entrenar a un perro debido a su mal comportamiento, puedes comenzar a hacer preguntas. Tal vez no puedas relacionarse directamente con el tema, ya sea porque tengas aversión a los perros, no sientas interés por la situación u otras razones, lo que sí puedes hacer es elaborar preguntas. Estas podrían ser: "¿Cómo te sentiste cuando el perro saltó sobre ti? ¿Por qué elegiste esta carrera si es tan difícil? ¿Cuál es el peor día que has tenido y cómo lo manejaste? ¿Cuál es la parte que más disfrutas de tu trabajo? Al aprender sobre lo que siente y experimenta otra persona, puedes comenzar a relacionarse más con ella.

Puedes desarrollar empatía al poner en práctica estas habilidades. La empatía no es solo una señal de alta inteligencia emocional, sino también es una señal de liderazgo y de tener la capacidad de influir sobre las personas. La empatía puede ayudarte a progresar en muchos aspectos de tu vida porque te ayuda a relacionarte de una mejor manera con los demás, por lo cual es menos probable que tengas algún tipo de conflicto con ellos.

Resumen del capítulo

El desarrollo de los cuatro aspectos de la inteligencia emocional que hemos discutido puede afectar dramáticamente tus posibilidades de resolver un conflicto. Tener una alta inteligencia emocional significa que puedes abordar la situación desde distintas aristas, ver el punto de vista de otro, tener empatía con los demás y regular tus propias emociones para que el conflicto no se intensifique más de lo necesario.

En este capítulo, aprendiste:

- Qué es la inteligencia emocional.
- Cómo aumentar tu inteligencia emocional.
- Qué es la automotivación y por qué es importante.
- Qué es el autocontrol y cómo desarrollarlo para resolver conflictos.
- Qué es la empatía y cómo usarla para solucionar una disputa.

En el próximo capítulo, aprenderás cómo hacer las paces con el conflicto, incluso si el conflicto no se puede resolver. Comprenderás qué es la confrontación constructiva y cómo se relaciona con el poder hacer las paces con las personas conflictivas y de mente estrecha.

CAPÍTULO OCHO:

Técnica de resolución de conflictos No. 06 - La estrategia de la paz

En este capítulo, vas a aprender la estrategia que consiste en hacer las paces. El objetivo final de la solución de un conflicto es llegar a una conclusión pacífica. Lo que nos esforzamos en lograr es resolver el problema de tal manera que todas las partes involucradas reciban un resultado equitativo, al sentir que sus pensamientos y sentimientos fueron comprendidos. Independientemente de qué estrategias se utilicen o qué tan exitoso sea el final, el objetivo es poner fin al conflicto. Hacer las paces durante o después de un problema requiere que utilices soluciones positivas, de manera efectiva, con base en el entendimiento mutuo. A medida que te esfuerces por lograr un resultado pacífico en los conflictos, te darás cuenta de que existen muchas herramientas que puedes utilizar para remediar los problemas. Estas herramientas se basan en sostener un debate constructivo, que consta de comprender que no siempre vas a tener la razón y aprender a reconocer cuándo es mejor tomar distancia.

Debate constructivo

Este enfoque consta de acercarse al problema creando una oportunidad de crecimiento a través del diálogo. Esto sucede cuando te comunicas con alguien para decirle que existe un problema y quieres resolverlo. Te tienes que aproximar de manera honesta, sin usar un lenguaje corporal agresivo y asumiendo tu grado de responsabilidad en el conflicto. Sé muy claro al decir que quieres conocer y comprender la perspectiva de la otra persona, para poder llegar a un acuerdo y lograr hacer las paces. Aquí hay algunas herramientas que puedes usar antes y durante un conflicto:

Observa la situación

Como aprendiste en el capítulo seis, la Triple Posición es dar un paso atrás para observar el conflicto como un todo, sin dejar de considerar las necesidades de cada parte. Ahora da un paso atrás y considera cada aspecto del conflicto. ¿Cuál es la raíz del problema? ¿Qué está contribuyendo a que este aumente? ¿Cuál es la posición de cada parte? ¿Se tienen cosas en común? ¿Es este un espacio apropiado y seguro para iniciar un debate? ¿Hay suficiente tiempo para tener una buena charla? ¿La persona está abierta al diálogo, está molesta o es hostil? ¿Cuál es el tipo de lenguaje corporal que estás usando y cual utilizan los otros involucrados? ¿El lenguaje corporal está siendo reflejado? ¿Cómo se siente el ambiente en la habitación?

Usa tu inteligencia emocional y tus habilidades de observación para recopilar información que te ayude a desarrollar una estrategia. Regula tus emociones y sé objetivo para que puedas proceder con calma. Cuando se trata de un conflicto, siempre es mejor hablar cara a cara para poder observar por completo la situación.

Identifica todas tus opciones

Para identificar todas las opciones que tienes usa la información que recopilaste mientras observabas la situación. Considera con objetividad los diferentes enfoques para poder realizar un enfrentamiento constructivo. Repasa varios escenarios en tu cabeza usando lo que conoces acerca de la situación y del problema, trata de imaginar qué sucedería si hicieras o dijeras tal cosa. ¿Cuáles son las mejores palabras que puedes usar? ¿Necesitas realizar algún ajuste para aumentar la posibilidad de obtener un resultado exitoso? ¿Deberías estar sentado o de pie? ¿Deberías estar solo o en un lugar público? Piensa en cuáles son los posibles resultados para todos los escenarios que puedas imaginar. Por ejemplo, considera estas hipotéticas situaciones. Si estás de pie, los demás están sentados y dices algo como: "Creo que estás equivocado acerca de esto y quiero hablar contigo", es muy probable que la persona se sienta intimidada y piense que eres alguien autoritario que está tratando de culparla, lo que puede dar como resultado que se enoje contigo. Sin embargo, si comienzas la discusión mientras los dos están sentados y dices: "Creo que tuvimos un malentendido acerca de algo y me gustaría hablar sobre ello", hay una buena probabilidad de que la persona sea receptiva hacia la conversación y tenga interés en resolver el malentendido. Identificar todas tus opciones te brinda la oportunidad de elegir la mejor solución posible, por lo cual antes de actuar considera todas las opciones que tienes. Clasifica los escenarios como plan A, B y C, para que en caso de que la persona no responda de la manera que esperabas, puedas utilizar otro enfoque.

Confirma el entendimiento mutuo entre las partes

A veces, para resolver conflictos, es mejor confirmar tu comprensión sobre el punto de vista de los demás y cómo estos son similares o diferentes entre sí. Lo más importante sobre hacer las paces es desarrollar un entendimiento mutuo. Informa a la otra parte que te das cuenta de que hay un problema y que deseas comprender su punto de vista. Pide, por favor, que te expliquen su perspectiva sobre el conflicto y escucha atentamente lo que te dicen. Confirma si se ha dicho lo que crees que se ha dicho, preguntando si tu percepción es correcta y haciendo preguntas si no estás seguro de algo. Valida la respuesta de las personas en lugar de compararla inmediatamente con tu punto de vista. Agradece a quien te ayuda a entender lo que sucede. Está bien decir algo como: "Creo que ahora entiendo mejor tu punto de vista. ¿Está bien si explico mi punto de vista y luego tal vez podamos hablar sobre las similitudes y diferencias en nuestras opiniones?" Una vez que hayan intercambiado sus puntos de vista, ambos tendrán la oportunidad de reconocer que la opinión de la otra persona es válida aunque sea diferente a la suya. Si ambos están abiertos al diálogo, compara ambos puntos de vista y habla también, en caso de existir, sobre las ideas en común que tienen y compartan opiniones. Trata de concentrarte en los hechos, en lugar de expresar puntos de vista personales, o al menos ten en claro que es un hecho y qué es una opinión. Habla abiertamente sobre la raíz del conflicto.

Recuerda el éxito pasado (no los errores)

Con demasiada frecuencia, recurrimos a hablar sobre los errores del pasado, lo que puede hacer que alguien se ponga a la defensiva automáticamente. En lugar de hacer esto, puedes señalar las cosas positivas que se han dicho y que se han hecho antes. Relaciona esto con la situación en la que te encuentras ahora o recuerda cómo en el pasado se resolvió de manera amigable un conflicto entre ustedes. Hablar sobre los éxitos del pasado puede ayudarte a solucionar el conflicto de una manera saludable y pacífica. Por ejemplo, si alguien dice: "Estoy enojado porque no entiendes y nunca lo has hecho", puedes hacer que se sienta más cómodo y encauzar la conversación respondiendo en un tono tranquilo: "Entiendo que esos sean tus sentimientos en este momento. Sin embargo, quiero recordarte que cuando acordamos XXX y seguimos adelante, todo funcionó realmente bien. Nos hemos entendido antes y resolver esta situación es importante para mí". Recuerda cómo pudieron entenderse con éxito al usar ciertas palabras, frases, lenguaje corporal y recuerda donde estaban y qué hora del día era. Conversa sobre cómo te sientes cuando se usa un lenguaje que es amenazante o hiriente. Elige tener una conversación positiva. Acuerda intercambiar puntos de vista y tener un diálogo constructivo sobre cómo remediar con éxito el conflicto actual. Habla sobre lo que ha funcionado para ti en el pasado, para que así puedas aplicar las lecciones aprendidas de esas situaciones.

Necesitas tiempo para poder procesar la información

Muchas veces, durante un conflicto, estamos impacientes por escuchar una respuesta a lo que hemos dicho, por lo que presionamos al individuo para que responda de inmediato. Todo lo que esto hace es causar un mayor conflicto porque aumenta la ansiedad y hostilidad. También puede dar como resultado decir cosas que realmente no queremos decir. Recuerda que la violencia puede surgir al presionar demasiado a alguien. Estamos tan ansiosos por llegar al final que insistimos demasiado y no nos tomamos el tiempo para considerar realmente lo que se está diciendo. Lo que se debe hacer es tomarse el tiempo para hablar con calma, escuchar a la otra persona, pensar con cuidado lo que estamos diciendo y encontrar la manera de seguir adelante. No permitas que tu prisa por salir de una situación incómoda comprometa el que puedas pensar y reflexionar con claridad.

Toma un descanso

Si sientes que te pones nervioso o notas que la otra persona está contrariada, sugiere que ambos tomen un descanso de la conversación. Vayan a tomar un café o sugiere cambiar de tema a algo más ligero con la intención de poder volver después al tema. Sin embargo, no olvides retomar el problema cuando ambos se sientan mejor, porque evitar o ignorar el conflicto probablemente hará que empeore.

El debate constructivo se trata de que dejes de lado cualquier prejuicio y mantente involucrado en la conversación. Hacer las paces requiere que tengas la mente abierta para poder remediar el conflicto en beneficio de ambas partes, incluso si el único beneficio es que ambas partes se alejan de la disputa. Si tienes un conflicto, toma la iniciativa y busca la oportunidad de resolverlo. A veces, realizar una conversación constructiva es difícil porque eres muy cercano a la persona con la que estás en conflicto. Para que tu enfoque sea objetivo debes de mirar la situación desde todas las perspectivas, tal como lo haría un terapeuta. Identifica cómo te sientes, qué significa esa persona para ti y decide si puede ver el conflicto desde una Triple Posición. No todos los conflictos tienen solución, pero todas las conversaciones deben eventualmente terminar. Cuando intentes finalizar una discusión, intenta sugerir que ambos se tomen un descanso hasta que estén tranquilos y puedan pensar racionalmente.

No siempre necesitas tener razón

Las personas competitivas son las que más discuten porque necesitan expresar su punto de vista y no se conforman hasta que otros acuerden que ellos tienen razón. ¿Esto te describe a ti o a alguien que conoces? Si es alguien que conoces, a veces simplemente no tratar de discutir puede marcar la diferencia. Podrías decir: "Parece que estás convencido de que es verdad, así que lo voy a pensar". Todo lo que puedes controlar es a ti mismo y a tu respuesta, entonces, ¿por qué arriesgarte a iniciar una discusión, si ya sabes que esa persona insiste siempre en tener la razón?

Si eres tú la persona competitiva, puede ser mejor que consideres las siguientes preguntas para que no te conviertas en tu peor enemigo. Algunas de las lecciones más importantes que puedes aprender son: no siempre vas a tener la razón, hay peleas que no vale la pena ser libradas, tú puedes tener la culpa, pudiste haber entendido mal o tal vez estás siendo demasiado orgulloso. Siempre tienes que estar dispuesto a asumir tu propia responsabilidad dentro del conflicto.

¿Tengo la razón o estoy siendo demasiado orgulloso?

La verdad del asunto es que puedes pensar que tienes la razón, pero en realidad tal vez solo estés siendo demasiado obstinado, orgulloso y egocéntrico. Tener tu propia opinión sobre las cosas no es malo, sin embargo cuando lo combinas con una naturaleza competitiva y con nulas habilidades para resolver conflictos, es posible que no puedas socializar con las personas. ¿Qué es lo que te importa más, poder arreglar el problema que tienes o tener la razón? Quizás tengas la iniciativa y la confianza para tomar la palabra y creas que sabes de lo que estás hablando. ¿Qué pasaría si realmente estás equivocado? Intenta enumerar las veces que has creído tener la razón, ¿ha sido una vez o todas las veces? Tal vez la gente está cansada de discutir contigo. El tratar de demostrar constantemente a los demás que tienes razón es dejar que el orgullo te gane.

A veces, el querer tener siempre la razón proviene de una persona competitiva. Lo cual puede ser resultado de sentir que cuando eras pequeño no recibiste suficiente atención, que incluso te descuidaron. Ser competitivos nos hace sentir mejor con nosotros mismos porque cuando ganamos discusiones nos sentimos exitosos. No obstante el ser competitivo no contribuye a arreglar el conflicto, para ello hay que ser cooperativo. La próxima vez que te enfrentes a un conflicto, no te concentres en ganar o en tener la razón, considera que alguien más puede tener la razón y ve cómo te sientes. Si te sientes emocionalmente abrumado o irracionalmente enojado cuando no ganas una discusión, podría ser mejor investigar las causas subyacentes a esto. Ve a hablar con un profesional para identificar tus patrones de conducta, así no perderás la oportunidad de establecer vínculos más estrechos con las personas.

¿Vale la pena ganar la discusión?

Determina si vale la pena ganar una discusión y si es así, determina también cuál será el costo para tu relación, tu integridad y tu seguridad. Quizás no valga la pena ganar, está bien dejar que alguien más se salga con la suya. Mira tu entorno y analiza la situación. ¿Dónde estás? ¿Con quién estás hablando? ¿De qué se trata la discusión? ¿Realmente necesitas ganar? Si ganas, ¿te arriesgas a perder a un amigo o ser querido por causarles dolor? ¿Corres el riesgo de ofender o enojar a alguien que tiene poder sobre ti? Hay una gran diferencia entre discutir con tu jefe sobre la reacción que ha tenido ante tu proyecto, que discutir con tus amigos sobre un tema político de la localidad. Durante un debate con tus amigos, está bien tratar de ganar vigorosamente una discusión inofensiva; sin embargo, incluso un pequeño desacuerdo con tu jefe puede costarte tu trabajo. Una discusión con tu esposa sobre cómo ser un buen padre no es un buen ejemplo de un debate que quieras ganar, por el otro lado, un desacuerdo en una noche de copas donde alguien quiere hacer algo arriesgado y tú quieres detenerlo, es una buena oportunidad. Aunque si te proponen hacer algo aburrido y no quieres llevarlo a cabo, realmente no importa quien gane.

¿Qué causó el conflicto?

En lugar de discutir con tus amigos, tu cónyuge, tu jefe o un miembro de tu familia, piensa en lo que causó esta discusión u otras en el pasado. ¿Es este un conflicto recurrente o es nuevo? ¿Es una diferencia de opinión sobre algo intangible o hay una oportunidad para resolver el conflicto a partir de los hechos? ¿Hay algo que ganar o perder que esté alimentando el conflicto? Identifica la causa subyacente de esta confrontación para que puedas encontrar una manera constructiva de enfrentarla. Si están trabajando juntos para resolver el conflicto, tienes que estar seguro de que todos están de acuerdo sobre cuál es la razón principal del problema.

¿Estás guardando rencor o estás lastimando a las personas?

Cuando estamos ofuscados podemos experimentar rencor al mencionar eventos pasados o decir cosas deliberadamente hirientes. Por lo general, no intentamos intencionalmente lastimar a la otra parte; sin embargo, como la conocemos, sabemos qué partes presionar para obtener una reacción. Pregúntate si estás provocando deliberadamente a la otra persona. ¿Estás diciendo cosas que son negativas o que los molestan? Ser hiriente va a agravar el problema y posiblemente termine con la relación.

Cuando el conflicto no se puede resolver

A veces las personas simplemente no pueden ponerse de acuerdo y la discusión tiene que terminar. Hacer las paces no siempre significa que el conflicto se haya resuelto para satisfacción de todas las partes. A veces, hacer las paces puede significar simplemente estar en desacuerdo y retirarse sin resentimientos. En estas circunstancias debes de comprender cuándo es apropiado dejar ir las cosas. Por ejemplo, si la otra persona es obstinada y no importa que le digas, continúa de la misma forma, lo mejor es optar por no decir nada más.

Según el tipo de conflicto en el que te encuentres y con quién estás hablando, es mejor saber cuándo debes hablar, cuándo permanecer en silencio y cuándo olvidarlo por completo. Entonces, ¿cómo debemos estar seguros de cuándo hablar y de cuándo no? ¿Cuándo deberías hacer las paces con la situación y seguir adelante? Considera lo siguiente:

- ¿El conflicto es grande o pequeño?
- ¿Tendrá importancia dentro de una semana o va a cambiar algo si no lo resuelves?
- ¿Cuáles son las consecuencias de ganar, perder o tomar distancia?
- ¿Vale la pena perder a la persona con la que estás hablando?
- ¿Vale la pena perder la compostura en el momento?
- ¿Estás hambriento o cansado, estás siendo emocional o algo más está contribuyendo al conflicto?

A veces es muy fácil hacer las paces, si la batalla es algo pequeña y tonta, ten un poco de humor y di: "Vaya, esto es bastante tonto y se ha salido de control, ¿no crees?" Sin embargo, cuando hagas esta declaración audaz, asegúrate de que sea algo pequeño por lo que estás discutiendo, algo sobre cómo cortar las papas o qué película ver. A veces, no nos damos cuenta de que cosas pequeñas pueden estar contribuyendo a nuestro comportamiento. Si estamos hambrientos, cansados, siendo orgullosos o egoístas en el momento, podemos convertir un problema menor en un conflicto hostil. Cuando un problema es menor di: "No vale la pena discutir este tema". Observa la situación objetivamente y luego decide si debes dejar de discutir y hacer las paces.

Salir bien librado de un conflicto

Salir bien librado de un conflicto significa conseguir una resolución positiva o neutral. También significa aceptar el resultado sin guardar rencor o resentimiento. Muchas personas ven el conflicto como un problema, pero rara vez lo ven como una oportunidad para un cambio positivo y un crecimiento interno. Aunque los conflictos pueden parecer algo negativo, son realmente algo positivo porque nos ayudan a definir quiénes somos y quién es la otra persona en un nivel más profundo. El conflicto no ha finalizado si no has terminado de discutir, si te aferras a ser hostil, si planeas seguir discutiendo después, si planeas evitar ver a la persona en un futuro o si alguna de las partes ha terminado en estado de shock o decepcionada con el otro. Resolver un conflicto significa saber qué decir, cuándo dejar de hablar y cuándo alejarse. Aquí hay un resumen de algunas de las habilidades esenciales para hacer las paces y terminar un conflicto con gracia:

- Guarda los pensamientos negativos para ti mismo, no los digas en voz alta.
- Trata de concentrarte en las cosas que tienen en común.
- Práctica habilidades de escucha efectivas.
- Valida los sentimientos de la otra persona.
- Enfócate en el tema principal.
- Menciona lo que ha funcionado para ambos en el pasado.
- No digas cosas hirientes.
- Enfoca tus esfuerzos en llegar a una solución, no en tener la razón.
- Recuerda por qué valoras tener a esa persona en tu vida.
- No conviertas el conflicto en una competencia.

Este capítulo trata sobre qué hacer cuando no puedes resolver un conflicto pero quieres hacer las paces. Se trata de cómo terminar el conflicto y alejarse pacíficamente. A veces el conflicto se complica debido a las palabras que estás usando. Aquí hay algunos ejemplos de cómo puedes decir cosas positivas y constructivas para lograr la paz.

"Necesitaba escuchar eso, gracias, lo tendré en cuenta."

Afirmar esto demuestra que estás tratando de entender a la otra persona, incluso si no estás de acuerdo con ella. Ayuda a que el otro sepa que está siendo escuchado y que tú mantienes una mente abierta.

"Tengo algo que decir. ¿Es ahora un buen momento para contarte?"

Esta declaración se puede decir en medio de una discusión o antes de comenzar una conversación que sabemos va a ser difícil. Le permite a la otra persona saber que cuentas con una opinión propia y que necesitas que te preste atención para poder hablar. A veces, también puede hacer que alguien se dé cuenta de que se puede estar saliendo del tema o se está desahogando demasiado y que es tu turno de hablar.

"¿Qué opinas de que nos concentremos en los hechos?"

Como se mencionó anteriormente algunas discusiones tienen que ver con tener razón. En algunos casos es posible encontrar pruebas sobre cuál posición es la correcta. En esta situación, ambas partes deben acordar respetar el resultado del análisis de los hechos.

"Estoy interpretando lo que dijiste cómo XXX. ¿Es esto correcto? Por favor, ayúdame a entender si estoy equivocado".

La comunicación verbal efectiva incluye parafrasear lo que la otra parte ha dicho para estar seguro de comprenderlo. Si no tienes claras algunas cosas, puedes pedir que te las expliquen o que te proporcionen ejemplos. Esto muestra que está tratando de obtener el panorama completo antes de llegar a una conclusión.

"No me siento muy cómodo con esa idea, ¿podemos pensar en otra cosa?"

Afirmar esto muestra que aunque escuchaste lo que se dijo, no estás de acuerdo con eso, pero aún quieres trabajar en equipo para resolver el problema. Esta es una manera efectiva de abrir la puerta al uso de técnicas de negociación y persuasión que aprendiste anteriormente.

Pensar antes de hablar y decir cosas positivas puede aumentar significativamente tus posibilidades de concluir el conflicto con una solución, o al menos con la tranquilidad de que hiciste todo lo posible.

Cómo disculparse

Debes estar pensando: "Sé cómo disculparme, ¿por qué tengo que aprender a hacerlo?" Es porque las disculpas pueden parecer agresivas o ingenuas si solo te disculpas para solucionar el conflicto. La regla número uno de disculparse es que debes de decirlo en serio, debes ser sincero.

La única forma de demostrar que eres sincero es pensar genuinamente en el conflicto y realmente lamentar el haber lastimado a la otra persona. También debes de estar dispuesto a no seguir haciendo en el futuro aquello por lo que ahora has pedido perdón. Por ejemplo, tal vez tu cónyuge se enojó contigo porque no doblaste la ropa ni ayudaste en la casa. Es posible que tengas una opinión distinta, que creas que sí ayudas y que tu labor pasa desapercibida. Sin embargo, para finalizar la discusión incluso antes de que comience, puedes decir que lo sientes en automático. Después, como tu disculpa no fue genuina, vuelves a hacer lo mismo. Nunca tuviste realmente la intención de cambiar tu comportamiento, solo pediste perdón para poner fin al conflicto en ese momento. Pronto este tipo de disculpas comienzan a no tener ningún tipo de significado y es muy probable que la otra persona pierda la confianza ti y en tu honestidad.

Así es como suena una disculpa genuina:

"Puedo ver que te lastimé, lo siento."

Tienes que estar seguro de que tu disculpa es genuina y que todo lo que dices lo dices en serio. Explica cómo lastimaste a la otra persona y por qué lo lamentas, de lo contrario, tu disculpa parecerá falsa, improvisada y deshonesta, haciendo que la otra persona no pueda confiar en un futuro en tus palabras ni siquiera cuando en verdad te arrepientes de algo. Aquí hay algunos ejemplos de cómo suena una disculpa falsa:

- "Lo que sea, lo siento".
- "Si quieres una disculpa de mi parte, lo siento".
- "Lamento que seas tan XXX".
- "Tienes razón, supongo que nunca aprenderé a complacerte".
- "Todo es mi culpa, soy una persona horrible ".
- Entonces, ¿qué hace que una disculpa sea sincera? Las mejores disculpas suceden cuando:
- No te apresuras a otorgarlas y explicas por qué lamentas lo que has hecho.
- Asumes tu responsabilidad en el conflicto y no esperas que la otra persona también se disculpe.

- No justificas lo que has hecho, explicas por qué lo hiciste y reconoces que fue un enfoque incorrecto.
- Prometes hacer los cambios necesarios para garantizar que no vuelva a suceder.
- Pides que te perdonen.
- Cumples con la promesa que realizaste.

Reconocimiento

Una disculpa adecuada y respetuosa se interpreta y se recibe de mejor manera si reconoces que existe un problema y que no estás contento con el conflicto. Explica el problema desde la perspectiva de la Triple Posición. Eres sincero cuando reconoces que existe un problema y que tú tienes responsabilidad en él. Al hacer esto, puedes rápidamente aclarar que es lo que está mal y que puedes hacerlo diferente la próxima vez que te veas en la misma situación.

Responsabilidad

Algunas personas son demasiado ensimismadas para considerar sus propias acciones o cómo contribuyeron a incrementar el conflicto. Asumir tu responsabilidad significa admitir lo que hiciste para contribuir al conflicto. Para aprender a asumir tu responsabilidad puedes:

- Examinar la situación sin culpar a la otra persona.
- Considerar la contribución de todos al conflicto, incluida la tuya.
- Pedir disculpas por lo que has hecho.
- Aprender de tus errores.
- Elegir un enfoque pacífico.

Asumir la responsabilidad de tus acciones no tiene que terminar contigo pidiendo una disculpa. El hecho de que te hayas dado cuenta de lo que has hecho mal significa que estás un paso más cerca de resolver el conflicto de manera pacífica.

Comprensión y empatía

Una vez que hayas reconocido el problema y hayas asumido tu responsabilidad en él, cómo tus propios pensamientos y acciones contribuyeron al conflicto, muestra empatía y compasión a la otra persona al pensar en cómo se está sintiendo.

Antes de disculparte, piensa en lo que vas a decir y en lo que la otra persona te ha dicho. Da la oportunidad a la persona o personas de responder a la disculpa. Tu intención puede ser que te perdonen, pero esto no siempre sucede de inmediato, a veces tendrás que aceptar que las personas necesitan más tiempo para resolver el problema. No te olvides de perdonarte a ti mismo. Mírate en el espejo, discúlpate y perdónate por la forma en que manejaste las cosas. Aferrarse a la ira, al odio o a la traición puede causar ansiedad y un estrés más profundo. El perdón no siempre es posible, pero si te alejas de un conflicto no resuelto estando satisfecho con tu conducta, puedes continuar aprendiendo y desarrollando habilidades para remediar en un futuro otros conflictos.

Resumen del capítulo

Resolver pacíficamente los conflictos se trata de aprender formas positivas de salir bien librado de los problemas. Cuando el conflicto no se puede resolver, es mejor callar y escuchar, identificar tu parte de responsabilidad y dejar de querer tener la razón. Cuando pides perdón para tratar de terminar un conflicto lo más rápido posible, eres ingenuo. Cuando pides disculpas porque realmente las sientes, es más probable que llegues a un arreglo, incluso si no resuelves completamente el conflicto. Ahora ya conoces técnicas para terminar un conflicto de manera efectiva y pacífica, incluso si no encontraste un remedio o si no te han perdonado.

En este capítulo aprendiste:

- Qué es el debate constructivo.
- Cuándo terminar el conflicto y cuándo no hacerlo.
- Cuándo dejar ir el conflicto sin resolver.

- Cómo hablar de una manera que conduzca a un buen final.
- Cómo disculparte con sinceridad.

En el próximo capítulo, aprenderás cómo abrir tu mente para volver a pensar los problemas y los conflictos. Al replantear tu punto de vista y usar los problemas para cambiar tu vida de manera positiva, habrás adquirido una herramienta para poder hacer frente a los conflictos.

CAPÍTULO NUEVE:

Técnica de resolución de conflictos 07 - El poder de mantener una mente abierta

Mantener una mente abierta tiene que ver con la perspectiva, las interpretaciones alternativas y el ser capaz de replantearse la forma en que pensamos. La razón por la cual esta técnica es tan benéfica es que a menudo nuestras mentes están tan concentradas en nuestros propios patrones de pensamiento, que olvidamos que los demás ven el mundo de manera diferente. Como has aprendido a lo largo de este libro, tener una personalidad competitiva o una actitud cerrada puede aumentar el conflicto. Mantener una mente abierta influye en nuestro comportamiento y establece la manera en cómo abordamos el conflicto y en cómo vamos a discutirlo. La razón por la cual la mayoría de las personas se sienten cómodas con una mente cerrada, es que esta les permite ignorar la inquietud que sienten durante el conflicto y, por el contrario, les brinda seguridad. Sin darse cuenta, este tipo de comportamiento contribuye a que el conflicto o la discusión aumenten. Te puedes preguntar: "¿Por qué me voy a permitir ser vulnerable si me siento amenazado? Si la otra persona continúa ofendiendome y no me hace sentir cómodo, ¿por qué debería de intentar esta técnica?

Si mantenemos una mente cerrada podríamos esperar una disculpa o pensar que la otra parte tiene que dar el primer paso, antes de que estemos dispuestos a considerar resolver el conflicto. En algunos casos, este enfoque es saludable si sientes que la otra parte realmente te ha perjudicado y necesitas espacio y tiempo para considerar la situación.

Sin embargo, antes de pensar que es el otro quien necesita dar el primer paso, considera cuál es tu relación con esa persona y la perspectiva general del conflicto. Da un paso atrás y evalúa todo el escenario antes de tomar una decisión repentina y permanente. ¿Tener una mente abierta facilita el poder comprender el problema? ¿Estás listo para considerar otras perspectivas? ¿Hay algo que puedas hacer para entender mejor la situación? ¿Qué puedes controlar y qué no puedes controlar con respecto a este asunto? ¿Tal vez te preguntas por qué deberías ser abierto cuando no te apetece? Quizás tienes miedo de lastimarte, es muy natural. Hay muchos beneficios en mantener una mente abierta sobre las perspectivas de los demás y aumenta tus posibilidades de conseguir un resultado positivo.

Estos son algunos de los beneficios:

- Puedes aprender que no eres el único que se siente amenazado.
- Puedes descubrir que tu comportamiento proviene de tus miedos.
- Te darás cuenta si no sabes controlarte durante un conflicto.
- Manteniendo una mente abierta no juzgas a los demás.
- Es posible que pueda disminuir el nivel de hostilidad, lo que mejorará las posibilidades de resolver el conflicto.

En el capítulo siete, aprendiste sobre el poder de la inteligencia emocional y cómo esta puede ayudarte a resolver conflictos. El uso de la empatía puede ayudarte a comprender que mantener una mente cerrada solo complica aún más los conflictos, pues no te permites conocer lo que la otra persona está pensando y sintiendo. Eso no quiere decir que tus sentimientos y opiniones no importan, sin embargo, la razón principal del conflicto podría ser que todos los involucrados se sienten de la misma manera, pero no saben cómo expresarlo. ¿Entonces, cómo se puede arreglar esto? Mantén conscientemente una mente abierta y replantea tu pensamiento. Recuerda la importancia de las estrategias de escucha efectiva.

Replantea tus pensamientos para poder solucionar los conflictos

El concepto de replantear la mente significa ver las cosas de manera diferente de cómo lo has hecho hasta ahora. En los capítulos anteriores, aprendiste sobre el concepto de empatía, que es comprender la opinión de los demás sobre cómo se sienten y piensan. Reformular tu mente no significa pensar fuera de tus parámetros, es el acto de cambiar la forma en que ves la realidad para ser más receptivo sobre las opiniones de los demás. Esto te permite expandir tu perspectiva del mundo para incluir nueva información basada en las perspectivas de los demás.

Por lo general, cuando entras en conflicto ya tienes una interpretación de cuál es el problema, cómo resolverlo y de dónde provino. Solo tú puedes conocer tus propios pensamientos y lo que quieres hacer al respecto. No obstante, realmente no sabes lo que la otra persona siente y piensa, lo cual podría ser algo completamente diferente de lo que crees. Por medio de herramientas de inteligencia emocional, como la empatía, puedes hacer todo lo posible para entablar una relación con la persona o personas con las que estás en conflicto. Replantear tu mente no se trata de mirar las cosas desde tu propio punto de vista de manera diferente, ni de mirar las cosas únicamente desde la perspectiva de alguien más. Se trata de comprender que puedes ver el conflicto de muchas maneras y que pueden existir muchos puntos de vista válidos e inválidos. Una forma de practicar el replantear tu mente es obtener consejos de diferentes personas que no están involucradas en el conflicto.

Una de las barreras para replantear la mente es cuando en una discusión nos encerramos en nuestra opinión y tenemos el deseo de ganar. Sin embargo, cuando mantienes la calma y la compostura puedes replantear tu mentalidad y obtener una visión saludable de la situación. Puede reformular más que solo tus pensamientos, puede replantear los términos de todo el conflicto, así ayudas a los demás a tener también ellos una perspectiva más amplia, mirando el lado positivo de la situación. Alterar el resultado de un conflicto requiere que primero replantees tu estado mental, haz un esfuerzo por comprender todos los aspectos del problema y luego aborda la situación de una manera tranquila. Aquí hay formas de replantear la mente:

Subrayar la raíz del problema

El primer paso para replantear tu mentalidad sobre el tema del conflicto es identificar cuál es la causa subyacente del mismo. Muchas disputas se intensifican porque el calor de la discusión nos atrapa y nos centramos en lo que se está diciendo en ese momento específico. A veces no nos damos cuenta de que las cosas que se dicen y se hacen en este momento no tienen nada que ver con la raíz de la crisis. Por ejemplo, si tu jefe te acusa de no trabajar tan duro como todos los demás, puede ser que no sea porque no estás trabajando lo suficiente, quizás él esté teniendo un problema; o quizás tú no te estás desempeñando de la mejor manera porque te quedaste toda la noche despierto con el bebé.

Remarcar lo negativo

Una vez que hayas descubierto cuál es la causa subyacente de la disputa, puedes volver a expresar todos los aspectos negativos y comenzar a pensar de manera positiva sobre lo que está sucediendo. Algunas formas de hacer esto son:

- Cambia la intensidad de la conversación hablando con calma y usando un lenguaje corporal que muestra tranquilidad y no agresión.
- Utiliza la empatía y la compasión.
- Averigua qué es aquello que podría funcionar para ambas partes.
- Encuentra algo positivo en lo que ambos puedan estar de acuerdo.
- Repite cuál es el problema para asegurarte de que ambos lo entiendan.
- Dirige la discusión a la razón principal del conflicto.
- Concéntrate en una solución.

Para replantear efectivamente el conflicto con tu jefe, puedes ofrecer una disculpa genuina y explicarle que estás teniendo problemas en tu hogar, pero que harás todo lo posible por concentrarte. O, si tu jefe está teniendo un mal día, podrías decir cortésmente algo como: "Lo siento si crees eso, de hecho he logrado XXX hoy". Hazle saber a tu jefe que estás haciendo lo mejor que puedes.

El enfoque principal detrás de reformular la mente es cambiar el punto de vista o la perspectiva de la otra parte involucrada, acerca de la disputa, diciendo algo positivo que conduzca a una solución.

Ver el conflicto de manera positiva

Casi todas las personas que han estado en conflicto con otra persona piensan que eso es algo malo. Sin embargo, no se debe pensar de esa manera. A medida que hablamos sobre las causas fundamentales del conflicto, parte de reformular tu mentalidad requiere que consideres el conflicto como algo saludable. Una vez que tu mente está en el lugar correcto, puedes abordar la disputa de la manera correcta. Independientemente de si el conflicto te hace sentir enojado, triste o decepcionado, hay muchas razones por las cuales el conflicto puede ser algo positivo en tu vida. Como dice el refrán, siempre llueve antes de ver un arco iris. Piensa en el conflicto como la lluvia y la solución como el arco iris.

Tres tipos de crecimiento que pueden provenir del conflicto y su solución son:

Crecimiento personal

El conflicto te ayuda a definir tus propias emociones y pensamientos más profundos. Esto te ayuda a lograr la iluminación, aceptar el cambio y tener una comprensión más profunda de ti mismo. Crecemos y evolucionamos cuando nos desafiamos y enfrentamos conflictos con una mente abierta.

Crecimiento en tus relaciones personales

El proceso para poder resolver un conflicto te ayuda a crecer tanto personal como socialmente, al obtener una comprensión más profunda sobre cómo piensan otras personas. Cuando trabajas con otros para generar resultados positivos, tus relaciones también se desarrollarán de manera positiva.

Crecimiento laboral

El conflicto a veces puede suceder en tu trabajo. Si no tuviéramos conflictos en el trabajo, nunca podríamos entender realmente el alcance de nuestras responsabilidades, lo que las personas que nos rodean piensan sobre nuestro trabajo o lo que otros necesitan de nosotros. Aprendimos a hablar profesionalmente, a tragarnos nuestro orgullo y a salir bien librados de los conflictos. Estas cualidades pueden llevarte a ser reconocido como un líder. Obtenemos crecimiento laboral al aprender cómo tener éxito a pesar del conflicto.

Además de estos tres tipos de crecimiento y las oportunidades que obtenemos al experimentar conflictos, hay muchas otras razones por las cuales los problemas pueden ser algo bueno. Algunas de las razones por las cuales el conflicto puede ser positivo son las siguientes:

- Nos proporciona información.
- Nos da la oportunidad de expresar nuestras emociones y pensamientos.
- Nos ayuda a evaluar nuestras necesidades básicas.
- Nos enseña responsabilidad y empatía.
- Nos hace escuchar para poder entender.
- Nos muestra nuestros propios comportamientos y patrones poco saludables.
- Convierte algo negativo en algo positivo.
- Nos permite trabajar en nuestras habilidades de comunicación.
- Nos ayuda a identificar nuestros valores y establecer límites claros.
- Promueve el equilibrio y el control emocional.

- Nos permite ver los problemas desde el punto de vista de los demás.

Cuando lo miras, el conflicto es algo muy importante, especialmente cuando tu objetivo es poder resolver un problema y construir relaciones positivas con los demás.

ÚLTIMAS PALABRAS

El problema con el conflicto es que siempre nos rodea. No importa a dónde vamos, qué hacemos o cómo pensamos, el conflicto inevitablemente nos encuentra. Es posible que no estés en un conflicto en este momento, pero probablemente lo hayas experimentado en el pasado y es muy probable que experimentes conflictos en el futuro. Por lo cual, es esencial contar con técnicas y herramientas para reconocer, eliminar y resolver conflictos.

¿El conflicto en sí mismo es realmente el problema o el problema es cómo lo enfrentamos? Como has aprendido en este libro, saber resolver conflictos se trata de cómo lidiar con los problemas y cambiar el resultado final de la situación. Hay formas saludables y hay formas negativas de lidiar con ellos. Este libro te ha mostrado los entresijos, los altibajos, los aspectos negativos y positivos del conflicto y su solución, para que la próxima vez que te enfrentes a uno puedas manejarlo de manera efectiva.

Pregúntate qué puedes obtener de leer este libro. Piensa en cómo era tu estado mental antes de leer hacerlo y compáralo con cómo te sientes y lo que crees ahora. Pregúntate qué sabes ahora que no sabías antes. ¿Cuál ha sido tu contribución a los conflictos en los que has estado involucrado? ¿Cómo vas a manejar las cosas de manera diferente? ¿Cómo puedes aprender sobre ti y sobre los demás? ¿Cómo puedes encontrar soluciones que sean mutuamente benéficas? Estas son preguntas que te conducirán a un comportamiento positivo. El conflicto no se puede evitar ni ignorar.

En la introducción te aseguré que obtendrías una mejor comprensión sobre cómo resolver conflictos y descubrirás cuál es tu responsabilidad cuando estos se complican. ¿Ahora tienes un entendimiento más profundo acerca de ti y de los demás? ¿Hay cosas que aprendiste sobre ti que no sabías antes? A estas alturas, debes de tener una perspectiva diferente sobre los problemas que has tenido. También debes tener una variedad de técnicas a tu disposición que puedan ayudarte a resolver los conflictos en tu vida.

En este libro, has aprendido siete técnicas diferentes para ayudarte a resolver conflictos. Al practicar y dominar estas técnicas, lograrás un crecimiento personal y profesional al experimentar los beneficios que las habilidades de saber solucionar conflictos aportan a tu vida. Recuerda estas técnicas y úsalas la próxima vez que te encuentres en una situación que las requiera.

Repasemos las siete técnicas nuevamente para asegurarnos de que este libro termina con nuestros mejores consejos para ti.

1. Dominar el poder de la conversación a través de herramientas de comunicación verbal.
2. Dominar el poder de la conversación a través de herramientas de comunicación no verbal.
3. Manejo de las emociones.
4. Cambio de mentalidad mediante la persuasión y la negociación.
5. Desarrollo de la inteligencia emocional para resolver conflictos desde el liderazgo.
6. La estrategia de la paz.
7. El poder de mantener una mente abierta.

Mi deseo para ti de ahora en adelante es que abordemos cada desafío y conflicto con gracia y gratitud. Continúa practicando nuestras siete técnicas, sigue aprendiendo y avanza hacia el crecimiento en todos los aspectos de tu vida. Ahora que cuentas con herramientas efectivas para resolver los conflictos en tu vida, las posibilidades son infinitas. No te detengas ahora, alcanza tus metas y sueños con confianza.

Todo lo mejor,
Gerard Shaw.

Referencias

(s.f.). Obtenido de https://vividlearningsystems.com/safety-toolbox/conflict-de-escalation-techniques

Alessandra, T. (30 de mayo de 2018). *Platinum Rules For Success*. Obtenido de https://assessments24x7.com/blog/conflict-resolution-behaviors/

Amaresan, S. (19 de marzo de 2019). *Hubspot*. Obtenido de https://blog.hubspot.com/service/conflict-management-styles

Bellafiore, D. (s.f.). *DRB Alternatives, Inc.* Obtenido de http://www.drbalternatives.com/articles/cc2.html

Burton, J. W. (s.f.). *The International journal of Peace Studies*. Obtenido de https://www.gmu.edu/programs/icar/ijps/vol3_1/burton.htm

Campbell, S. (28 de junio de 2016). *Entrepreneur*. Obtenido de https://www.entrepreneur.com/article/279778

Carroll, M. (enero de 2012). *NLP Academy*. Obtenido de https://www.nlpacademy.co.uk/articles/view/resolving_conflict_by_exploring_different_perspectives/

Childs, C. (28 de mayo de 2019). *Life Hack*. Obtenido de https://www.lifehack.org/articles/featured/8-steps-to-continuous-self-motivation.html

Choice Conflict Resolution. (10 de octubre de 2012). Obtenido de https://www.choiceconflictresolution.com/2012/10/31/what-makes-an-apology-authentic-and-effective-as-a-resolution-of-conflict/

Clayton, M. (27 de junio de 2017). *Management Pocketbooks*. Obtenido de https://www.pocketbook.co.uk/blog/2017/06/27/roger-fisher-william-ury-principled-negotiation/

Coke, T. (14 de julio de 2015). *HR*. Obtenido de https://www.hrmagazine.co.uk/article-details/the-power-of-an-open-mind

Council, F. C. (17 de julio de 2017). *Forbes*. Obtenido de https://www.forbes.com/sites/forbescoachescouncil/2017/07/17/14-ways-to-approach-conflict-and-difficult-conversations-at-work/#237397023cfd

Council, Y. E. (4 de mayo de 2018). *Forbes*. Obtenido de https://www.forbes.com/sites/theyec/2018/05/04/14-negative-body-language-signals-and-speech-habits-to-avoid/#1a6da62622f5

Davis, N. (2 de mayo de 2016). *N. Davis Training*. Obtenido de https://nicholas-davies.com/pop-for-safety/

Deutsch, M. (s.f.). *Beyond Intractability*. Obtenido de https://www.beyondintractability.org/artsum/deutsch-cooperation

Dixit, M. (20 de octubre de 2004). *IPCS*. Obtenido de http://www.ipcs.org/comm_select.php?articleNo=1531

Douglas Stone, B. P. (s.f.). Obtenido de https://www.mdmunicipal.org/DocumentCenter/View/3656/Difficult-Conversations-Handout?bidId=

Douglas Stone, B. P. (s.f.). *Beyond Intractability*. Obtenido de https://www.beyondintractability.org/bksum/stone-difficult

Flow Psychology. (2015). Obtenido de https://flowpsychology.com/signs-of-frustration/

Greene, V. (s.f.). *Neuromarketing*. Obtenido de https://www.neurosciencemarketing.com/blog/articles/persuasive-tactics.htm

Hooper, B. (6 de julio de 2016). *Brenda Hooper*. Obtenido de http://brendahooper.com/the-awesome-communication-tool-reframing/

How to Negociate. (s.f.). Obtenido de http://www.how-to-negotiate.com/ten-persuasion-techniques.html

Jacobson, S. (22 de marzo de 2017). *Conover*. Obtenido de https://www.conovercompany.com/the-benefits-of-conflict-resolution/

Jeanne Segal, M. S. (junio de 2019). *HelpGuide*. Obtenido de https://www.helpguide.org/articles/relationships-communication/nonverbal-communication.htm

Johnson, D. W. (5 de junio de 2019). *Psychology Today*. Obtenido de https://www.psychologytoday.com/ca/blog/constructive-controversy/201906/the-importance-taking-the-perspective-others

Kline, S. (s.f.). Obtenido de http://preventchildabuse.org/wp-content/uploads/2016/10/8-Ways-to-Improve-Self-Regulation.pdf

Kukreja, S. (s.f.). *Management Studio HD*. Obtenido de https://www.managementstudyhq.com/types-of-conflict-situations.html

London, S. (s.f.). *scott.london*. Obtenido de http://scott.london/articles/ondialogue.html

Master E LTD. (s.f.). Obtenido de http://www.conflictresolutionmanchester.com/risk-assessment.htm

Melissa. (1 de febrero de 2018). *Awato*. Obtenido de https://awato.org/5-aspects-emotional-intelligence-matter/

Puhn, L. (3 de mayo de 2017). *Real Simple*. Obtenido de https://www.realsimple.com/work-life/work-life-etiquette/sticky-situations/things-say-keep-peace

Puhn, L. (3 de mayo de 2017). *Real Simple*. Obtenido de https://www.realsimple.com/work-life/work-life-etiquette/sticky-situations/things-say-keep-peace

Reece, R. (s.f.). *Emotional Intelligence Workshops*. Obtenido de http://emotionalintelligenceworkshops.com/emotional-intelligence-conflict-management.htm

Scott, P. (2016). *Center for Management and Organization Effectiveness*. Obtenido de https://cmoe.com/blog/the-power-of-constructive-confrontation/

Scott, S. (2019). *Develop Good Habits*. Obtenido de https://www.developgoodhabits.com/what-is-self-awareness/

Scotwork. (18 de noviembre de 2014). Obtenido de https://www.scotwork.com.au/negotiation-blog/2014/what-is-the-difference-between-negotiation-and-persuasion/

Shorey, H. (7 de octubre de 2017). *Psychology Today*. Obtenido de https://www.psychologytoday.com/ca/blog/the-freedom-change/201710/managing-relationship-conflict-letting-go-being-right

Skills You Need. (s.f.). Obtenido de https://www.skillsyouneed.com/ips/effective-speaking.html

Skills You Need. (s.f.). Obtenido de https://www.skillsyouneed.com/ips/verbal-communication.html

Sobel, A. (2016). *Andrew Sobel*. Obtenido de https://andrewsobel.com/eight-ways-to-improve-your-empathy/

Spangler, B. (noviembre de 2013). *Beyond Intractability*. Obtenido de https://www.beyondintractability.org/essay/joint_reframing

Staff, P. (17 de diciembre de 2019). *Program on negociation - Harvard Law School*. Obtenido de https://www.pon.harvard.edu/daily/dispute-resolution/four-negotiation-strategies-for-resolving-values-based-disputes/

Types of conflict. (s.f.). Obtenido de http://www.typesofconflict.org/what-is-conflict/

Udemy. (s.f.). Obtenido de https://blog.udemy.com/stages-of-conflict/

Vantage Consulting . (2018). Obtenido de https://www.christianmuntean.com/why-conflict-is-good/

VisiHow. (s.f.). Obtenido de https://visihow.com/Deal_with_Anger_in_a_Conflict_Situation

Wiki Educator. (s.f.). Obtenido de https://wikieducator.org/Life_Skills_Development/Module_Three/Unit_3:_Conflict_Management/Elements_of_conflict

Williams, J. C. (6 de diciembre de 2017). *Huffpost*. Obtenido de https://www.huffpost.com/entry/effective-apologies-turn-_b_11950994

¡TU REGALO GRATIS ESTÁ AQUÍ!

Gracias por comprar este libro. Como un obsequio y suplemento para potenciar tus nuevos aprendizajes y tu viaje de desarrollo personal, recibirás este folleto de regalo y es completamente gratuito.

El regalo incluye- como ya lo anuncié en este libro- un valioso recurso de prácticas ideas y sencilla composición que te ayudará a que domines tu propia rutina de calma y seguridad para tu día a día.

El folleto te proveerá de poderosos conocimiento sobre:

- Cómo formar hábitos empoderadores que cambiarán tu vida.
- Cómo direccionar tu propio Poder de 3.
- Las 3 cosas que necesitas para cambiar cómo te sientes contigo mismo y en tu vida.
- Cómo incentivar tu autoconocimiento y autoestima.
- Cómo crear un bucle de retroalimentación positiva diaria.

Recuerda que un único paso puede cambiar tu vida.

¿Qué pasa si puedes dar un paso adelante cada día, en la dirección en la que quieres ir?

Puedes obtener tu folleto extra de esta manera:

Para acceder a la página de descarga secreta, abre una página de navegador en tu computador o teléfono inteligente, y entra a **bonus.gerardshaw.com**

Serás automáticamente dirigido a la página de descarga.

Por favor ten en cuenta que este folleto sólo estará disponible para descarga por un tiempo limitado.

¡No te lo pierdas! Haz clic en este mismo momento y descárgalo hoy mismo.

www.ingramcontent.com/pod-product-compliance
Lightning Source LLC
Chambersburg PA
CBHW071355080526
44587CB00017B/3111